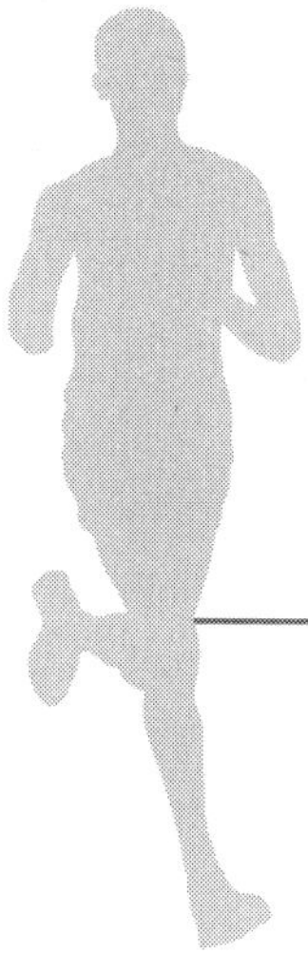

综合格斗教程

李俊峰　张成明　主编

北京体育大学出版社

策划编辑：佟　晖
责任编辑：佟　晖
责任校对：韩培付
版式设计：李沙沙

图书在版编目（CIP）数据

综合格斗教程 / 李俊峰, 张成明主编. -- 北京：北京体育大学出版社, 2019.9（2022.1重印）
ISBN 978-7-5644-3241-6

Ⅰ. ①综… Ⅱ. ①李… ②张… Ⅲ. ①格斗 – 教材 Ⅳ. ①G85

中国版本图书馆CIP数据核字(2019)第225438号

综合格斗教程
ZONGHE GEDOU JIAOCHENG　　**李俊峰　张成明　主编**

出版发行：北京体育大学出版社
地　　址：北京海淀区农大南路1号院2号楼2层办公B-212
邮　　编：100084
网　　址：http://cbs.bsu.edu.cn
发 行 部：010-62989320
邮 购 部：北京体育大学出版社读者服务部 010-62989432
印　　刷：北京昌联印刷有限公司
开　　本：787mm × 1092mm　　1/16
成品尺寸：185mm × 260mm
印　　张：10.75
字　　数：275千字
版　　次：2019年9月第1版
印　　次：2022年1月第2次印刷
定　　价：50.00元

编写组

统　　筹：马学智

主　　编：李俊峰　张成明

副 主 编：李　杰　李兴海　李　明　刘大亮

编　　委：郑孙勇　魏海虹　张　辉

赵林林　黄　磊　黄　海

于成明　烈金纽夫·尤里（乌克兰）

孙勋昌　胡加成　刘　畅

曲会林　田坤宗　杨玉辉

前　言

技击是武术发展的核心内容和重要标志。现代武术在继承传统的基础上，开发与构建出新的运动形式，不仅是现代武术发展的时代要求，也是顺应国际潮流的需要。现代武术综合格斗就是武术发展顺应时代潮流的产物。综合格斗（mixed martial arts，简称 MMA）是以踢、打、摔、拿为主要内容，以站立搏击和地面缠斗为主要形式，以打击和制服对手为主要目的的徒手格斗对抗性运动。综观当今世界武坛，“综合”的理念早已深入人心，全面反映搏击技法的综合格斗不仅拓宽了国人的视野，同时，也以其全新的格斗理念、精彩的竞技对抗以及实用、全面的技法正在引领未来搏击的重要发展方向，给我国的武术搏击带来不可抗拒的革命性风暴。综合格斗的成功不仅是技法上的综合，更是理念上的突破。当今社会，流派的概念已经越来越淡薄，刚劲的泰拳、犀利的拳击、迅猛的空手道、神秘的中国功夫、飘逸的跆拳道……要想成为一名真正的格斗高手，就要融合百家之长，技术的综合发展是必然的。

目前，综合格斗已经成为一项成熟的体育格斗项目而风靡全球，也是世界公认的集观赏性、娱乐性、竞技性于一体的优秀运动项目。我国首次专业的综合格斗比赛于 2005 年在北京体育大学举办。从那时开始，北京体育大学武术学院就开始了对综合格斗项目的开发研究。2012 年，在认真调研的基础上，北京体育大学武术学院在北京学院路教学共同体面向全国率先开设综合格斗课程。自综合格斗课程开设以来，学生选课火爆，已经成为目前北京体育大学的对外热修课程。2013 年，北京体育大学武术学院又在全国率先开办了第一个综合格斗专项班（散打拓展班），为综合格斗在我国的开展培养专业人才。2015 年，根据学科发展和竞赛需要，北京体育大学武术学院又组建了综合格斗（功夫全能技）代表队，并于 2015 年和 2017 年两次参加全国体育院校功夫全能技（综合格斗比赛的一种形式）大奖赛，先后取得了团体第二名和团体第一名的好成绩。2018 年 4 月，为在我国高等院校科学规范地开展综合格斗项目，由我国第一批“985”工程大学中的九所大学，即北京大学、清华大学、浙江大学、复旦大学、上海交通大学、南京大学、中国科学技术大学、西安交通大学和哈尔滨工业大学联手北京体育大学共同成立综合格斗运动“C9 + 1”联盟，旨在推动综合格斗项目在我国高校有序开展。“C9 + 1”联盟的成立标志着我国综合格斗项目在高校的开展翻开了新的篇章。我国的综合格斗运动虽然刚刚起步，但其发展势头迅猛。在当今中国，武术搏击运动受到了空前重视，有着极其广泛的群众基础，综合格斗作为一个对抗性和观赏性极强的项目正在以其特有的魅力被广大群众所喜爱，正在成为高等学校、社会搏击俱乐部及各种搏击培训机构的热门课程，有着巨大的市场潜力和良好的发展前景。

但目前开展综合格斗的高校普遍缺乏专业性指导教材，这无疑在一定程度上影响了教学质量的提高，进而影响课程的进一步建设推广；不仅如此，各个搏击俱乐部和培训机构以及广大搏击爱好者，也由于缺乏相对专业的参考书，而影响培训及学习的质量，进而影响综合格斗项目的可持续健康发展。鉴于此，北京体育大学武术学院组织相关专家编写了这部综合格斗教材。教材注重理论性、实践性、应用性的统一。首先，本教材紧密结合目前搏击发展现状及趋势，较为全面地阐述了综合格斗运动的基本理论及实践，包括综合格斗的发展、技术、教学、训练、竞赛、损伤及预防等，体系相对完整、系统。其次，本教材结合国内外格斗运动的最新发展情况，相对全面地吸收了格斗类运动的最新教学科研成果，保证教材的时代性、前沿性。再次，本教材在技术部分不仅加强了对技术基本理论的剖析，同时更为注重技术在实战中的运用分析，尤其地面技术的分析。最后，本教材在编写过程中汇集了多年教学训练积累的丰富经验，实用性强，也在一定程度上弥补了当前我国搏击教材建设方面的不足。本教材图文并茂，理论结合实际，作为我国首部高校综合格斗教材，它不仅填补了综合格斗专业性教材的空白，同时也为广大搏击爱好者提供了一本难得的自学参考书。

本书各章节的分工如下：第一章由李俊峰、李杰、刘大亮执笔；第二章由李俊峰、张成明、李杰、张辉、黄磊、赵林林、烈金纽夫·尤里（乌克兰）、田坤宗执笔；第三章由李俊峰、李兴海、李杰、郑孙勇、刘畅执笔；第四章由李明、李俊峰、张成明、孙勋昌、胡加成执笔；第五章由刘大亮、李兴海、黄海、于成明执笔；第六章由魏海虹、刘大亮、曲会林、杨玉辉执笔。

本书得以出版，离不开北京体育大学武术学院对学科建设的支持和长期规划，离不开老师和同人的帮助，在此表示感谢。我们还要感谢所引用的书籍、论文等文献资料的作者。由于编写者水平有限，疏漏和不足之处谨请读者批评指正。

编　者
2019 年 7 月

目录 CONTENTS

动作示范
扫码即现

第一章　综合格斗概述

第二章　综合格斗技术

第三章　综合格斗教学

第四章　综合格斗训练

第一章　综合格斗概述

本章教学提示

1. 综合格斗是以打击和制服对手为主要目的的综合性徒手格斗对抗运动，是国际上一种新兴的综合性徒手搏击对抗项目。

2. 综合格斗是搏击的十项全能，其打法立体多层，地面缠斗不可或缺。

3. 综合格斗将面向未来、面向大众、面向市场，走国际化、多元化的发展道路。

神秘的中国功夫、犀利的拳击、刚劲的泰拳、飘逸的空手道、灵巧的摔跤……这些格斗术哪个最厉害呢？这不仅是搏击修炼者所关心的问题，也是许多武术爱好者心中的疑团。如今，不同武技的高手可以同台竞技，在统一的规则下一决雌雄，这就是综合格斗擂台。综合格斗源自于英文 mixed martial arts（MMA），从字面上理解为综合各种武技的武术。广义的综合格斗泛指徒手格斗；狭义的综合格斗专指现代武术综合格斗项目，简称“综合格斗”。

综合格斗是以踢、打、摔、拿为主要内容，以站立搏击和地面缠斗为主要形式，以打击和制服对手为主要目的的徒手格斗对抗性运动。综合格斗比赛允许任何门派的格斗术（如中国功夫、泰拳、拳击、柔道、摔跤、跆拳道、空手道、柔术等）参加比赛，并在统一的规则下决出胜负，是国际上新兴的一种综合性徒手搏击对抗项目。目前，综合性的武术徒手格斗赛事由于其全新的格斗理念、精彩的竞技对抗正风靡全球。

第一节　综合格斗的发展概况

一、世界综合格斗的发展概况

（一） 综合格斗的缘起——血腥与矛盾 （1993—1996 年）

应当说，格斗普遍存在于人类社会。格斗在各个民族、国家有着不同的表现形式，如中国的武术、日本的空手道、起源于埃及的拳击、泰国的泰拳、韩国的跆拳道等都各具特色。古时候的格斗比赛，大都是无规则的生死相搏，如古罗马的斗兽场比赛，选手可以使用如拳击、古希腊式搏击、摔跤等格斗术的任何招式。

随着社会的发展和人类文明程度的提高，格斗也逐渐文明化、体育化。习练不同武技的人们都用自身独特的方式对格斗进行诠释，大部分的习练者终生只能把主要精力集中于某种武技。不同武技的切磋与竞技、交流和融合，始终是格斗的主题。人们自然会问，在世界的各种武技中，哪种最厉害？最厉害的打斗术究竟是什么？这也成为人们长久以来争论的话题。也许人们心中的这个疑团就是把各种搏击术放在一起进行较量的直接动因。

虽然自 20 世纪 80 年代起，在世界各地就出现了规模各异的综合格斗赛事，如巴西的 Vale Tudo（无限制格斗）、俄罗斯的格斗桑搏和日本的修斗等，但说到现代综合搏击的兴起，应当与 20 世纪 20 年代在巴西出现的 Vale Tudo 有很大关系。Vale Tudo 在葡萄牙语中就是无限制的意思。在巴西，格雷西家族于 20 世纪初期开创了现代 MMA 运动的新纪元，他们主要应用其家族自创的自卫防身术——巴西柔术，参加比赛。在比赛中，任何武技都可以使用。比赛不设时间限制，不分重量级别，参加者除了可以使用各种打击、缠斗技外，连插眼、击裆都不属于犯规行为，比赛的场面相当血腥。比赛经常会持续几个小时，而取胜的唯一办法就是不择手段地击败对手。

“通过一种比赛来找到世界上最强的武术！”第一个将这个想法付诸实施的人是阿特·戴维（Art Davie），一个来自美国南加利福尼亚的广告公司经理。1991 年，戴维在为一个客户做武术市场的调研时遇到了荷利安·格雷西（Rorion Gracie），并成为他的学生。格雷西当时正在加利福尼亚的托伦斯经营一所巴西柔术学校，他的家族有着很长的无限制比赛的历史，他们是现代综合格斗的先驱。1992 年，格雷西家族拍摄了一部由家族成员主演的动作系列剧，在剧中，他们利用巴西柔术打败了来自各种不同门派的武术大师。受到这部剧的启发，戴维向荷利安·格雷西以及好莱坞导演兼编剧约翰·米利厄斯（John milius）提议举办一届 8 人的单场淘汰制比赛，比赛名字叫作“世界大战”。之后该比赛更名为终极格斗冠军赛（ultimate fighting championship），即今天的 UFC。

1993 年 11 月 12 日，第一届比赛在科罗拉多州丹佛的麦克尼克斯体育馆举行，后来被称为 UFC 1，这就是最初的现代 MMA 比赛。UFC 允许任何门派的格斗（如中国武术、空手道、泰拳、柔术、桑搏、相扑等）和奥运会的体育项目（如拳击、柔道、摔跤、跆拳道）好手参加比赛，并在统一的规则下决出最强者。UFC 使美国观众第一次在同一个场地中看到了不同功夫间的较量。参加的选手包括踢拳家帕特里克·史密斯（Patrick Smith）和凯文·罗塞尔（Kevin Rosier）、法式踢拳家杰拉德·戈多（Gerard Gordeau）、空手道家扎克·马丁（Zach Martin）、泰拳加摔跤手凯恩·沙姆罗克（Ken Shamrock）、相扑手泰拉·图利（Teila Tuli）、职业拳击手艾尔特·吉米森（Art Jimmerson）以及荷利安的弟弟巴西柔术黑带高手罗伊斯·格雷西（Royce Gracie）。罗伊斯·格雷西是他哥哥荷利安·格雷西亲自挑选来代表格雷西家族参加比赛的，他的寝技最后被证明为第一届比赛里最有效的技术并帮他成为 UFC 历史上第一位冠军。这次比赛获得了成功，吸引了 8 万多名电视观众通过 PPV（pay per view，按次付费观看）观看了比赛。然而，起初人们并没有打算把这项比赛办成一个常规赛事。“比赛就办这一次，”现任 UFC 总裁白大拿（Dana White）后来回忆道，“然而比赛实在是太成功了，所以他们决定再办一次，那帮家伙天塌下来也不会知道他们后来创造了一项新的体育运动。”正是这一大胆的设想，现代武术综合格斗给全世界的搏击带来了风暴，也带来了全新的视野，并逐步成为现代世界搏击类比赛的重要发展方向。

在此之前，大部分的格斗家通常只学习一个门派的功夫，与其他门派交流的机会少之又少。应当说，每种武技都有自己的优点和不足之处，当他们同台竞技的时候，规则就是最大的问题。早期的综合搏击几乎是没有规则的，如果有也只是简单的限制，如 UFC 1 仅仅禁止咬人、禁止插眼等，一回合 5 分钟，只有当出现 KO（knock out，击倒）或者 submission（降服）时比赛才会结束；再如 UFC 2 无时间限制，无回合，不禁止击裆等。加上比赛没有体重级别限制，许多格斗家经常会面对比他们要强壮或者高大很多的对手。例如，绰号“巨人杀手”（“The Giant of the killer”）的基斯·汉克尼（Keith Hackney）在 UFC 3 中面对的对手伊曼纽尔·亚布鲁（EMMAnuel Yarborough）整整比他高了 23 厘米。

UFC，尤其是早期的比赛，以极度暴力而闻名。约翰·麦凯恩（John McCain）在看了第一届比赛的录像后，称其为令人憎恶的“人类斗鸡”比赛，甚至在 UFC 12 的前夜取消了比赛。

初期的综合格斗可以用血腥和残暴来形容，这显然与社会的文明进程格格不入，如果不进行改革，就很难继续生存和发展。

（二）综合格斗的发展——探索与融合（1997—2002 年）

1997—2002 年是 MMA 的发展期，也是各种武技的大融合时期。这个时期的两个主要赛事分别是 UFC 和 PRIDE（pride fighting championships）。

早期的综合搏击由于其浓重的血腥味而遭到了各方面的批评，一度使比赛陷入绝境，针对各方面的批评，UFC 增强了与各个州体育协会的协作，并且开始重新设计比赛规则，包括去掉一部分令人反感的或者容易对身体造成永久性伤害的击打动作（如击打后脑和脊椎等），同时保留击打与擒拿的基本核心要素。如 UFC 12 开始引入体重级别概念，淘汰赛分割为重量级和轻量级两个级别，并取消了以往的 8 人淘汰赛（改为 4 人），增加了重量级冠军头衔，替换掉超级赛冠军头衔。UFC 14 开始强制选手佩戴手套，并且禁止踢击倒地的对手，禁止拉扯头发，禁止用手指勾拉任何带孔类器官，禁止头撞，禁止对腹股沟进行击打等。UFC 15 对可击打范围做了进一步限制，头击、击裆、肘击后脑和后颈、踢击倒地的对手、抓扯小关节、抓头发等都是禁止行为。UFC 21 将比赛改为 5 分钟 1 回合，常规非头衔赛 3 回合，垫场赛 2 回合，头衔赛 5 回合；同时，比赛打分改为 10 分制（借鉴拳击）。UFC 28 首次采用统一的 MMA 规则，主要变化是禁止膝击倒地的对手，禁止肘击脊椎和颈部，禁止拳打后脑和后颈，采用了新的体重级别制。该规则主要内容采用至今，成为国际综合格斗比赛的主流规则。UFC 31 中将体重级别改为现在的标准设置。至此，这一系列改造标志着 UFC 将自己成功地塑造为一项竞技体育运动，并逐渐完成了品牌再造工作。经过一系列改革之后，麦凯恩对 UFC 的看法也发生了改变。他说：“这项运动已经成熟了，新的规则更好地保护了运动员的安全，也使比赛变得更加公平了。”

随着规则的不断文明化，混乱期很快度过，各种技术在 MMA 规则下开始迅速融合。同时，随着电视直播的发展，MMA 的 PPV 付费观众数量也急剧增加。随着主流媒体覆盖面的扩大，比赛逐渐扩展了加拿大、欧洲以及美国本土的新市场，品牌知名度在不断提高。此时的主要赛事有美国的 UFC 和日本的 PRIDE 比赛。这个时期选手在技术上则更有包容性，但也有着自己明显的格斗风格，打击系、摔跤系、柔术系三足鼎立，成为综合格斗比赛中主要的三种风格。而这种类似三国对峙的时期也并没有持续太久，原因只有一个：技术的融合与发展已经成为技术发展的主旋律，只有不断超越与发展，将站立搏击与地面缠斗有机融合的选手，才能离王位越来越近，成为真正的擂台主宰。

（三）综合格斗的完善——成功与成熟（2003 年至今）

随着综合格斗的不断完善与发展，选手对于比赛规则的理解和研究也越来越充分，战术战略的作用也成为决定胜负的关键。没有最强的流派，只有最强的人，门派的概念已经成为历史的尘埃，技术的融合和交叉训练才是格斗的主旋律，现在的比赛早已不是比拼最强流派的技法，而是比拼谁的技术更突出、更全面。目前，现代综合格斗已经成功改造为一项精彩的对抗性项目，具有成熟的技术体系以及完善的规则和赛制，进入了一个快速稳定的发展时期。同时，综合搏击的产业也进入了一个崭新的发展阶段。

1. 综合格斗的安全性

由于现代综合搏击场面火爆，技法丰富，不仅有站立格斗，还有地面的缠斗技术，看起来更“暴力”，加上商业上为了吸引更多观众而对 MMA 运动的夸张描述，以及人们对它还不是很了解等诸多原因，使人们感到这个项目似乎很“残酷”。其实这完全是一种误解。改造后的现代综合格斗已经成为非常安全的格斗体育比赛项目，综合搏击比赛中，运动员所受的伤害要比其他运动小得多，并保持着相当良好的安全记录，是一项“比拔河还要安全”的体育项目。

MMA 比赛良好的安全性与它合理和人性化的赛规设计、严格的赛制管理及监督，以及运动员高超的技艺都是分不开的。MMA 运动不但成功地减少了比赛伤害，还大大提高了比赛的观赏性和流畅性。所以，MMA 比赛可以说是为现代体育搏击史带来了一场安全性与观赏性兼具的革命。综合搏击有较高安全性的主要原因如下。

（1）运动员受到打击的频率大为降低

在站立搏击比赛中，拳、腿、肘、膝的攻击是造成伤害的主要原因。在拳击、泰拳、自由搏击等比赛中，由于受到使用技法的限制，运动员只能“拳来脚往”，从而运动员受到打击的频率就大为增加，受伤害的概率就很大。而综合格斗则不同，运动员除了可以使用拳、腿等这些攻击性的武器外，还可以使用摔、拿等技术来制服对手，从而大大减少了击打的次数。同时，运动员之间的格斗对抗不仅在站立时进行，还有很大一部分在地面进行，打击技术仅仅是综合搏击有限的组成部分。因而，相对于其他立体类格斗项目，综合搏击运动员受到打击的频率就明显降低，大大降低了因打击而受伤的风险。

运动员的体力透支也是在比赛中受到损伤的重要原因之一。由于综合搏击的制胜有多种方式，一般的综合搏击比赛不会持续很长的时间，平均的比赛时间一般只有 3 分钟左右，而其他职业性搏击比赛一般为 5 ~ 10 个回合，比赛时间经常超过 10 分钟甚至 30 分钟。相对较短的比赛时间不仅有力地保障了运动员以旺盛的精力、精湛的技艺进行比赛，保证了比赛的精彩，同时也在很大程度上降低了运动员对抗的时间，不仅使得综合搏击运动员相对于拳击、泰拳等搏击项目的选手遭受打击的频率大为降低，更大大避免了选手在体力不支的情况下还要继续比赛的高风险。

（2）有更多化解对手攻击的方法

在综合搏击比赛中，面对对手的攻击，选手完全可以根据自身的技术以及对手的实际情况有针对性地选择技法，而在其他比赛中则受到很大的局限。如在拳击比赛中，运动员所能选择的有效技法只有拳法，化解对手攻击的方法十分有限；在泰拳比赛中，运动员也只能“硬碰硬”。在综合格斗比赛中，运动员对于对手攻击的化解可以说是“海、陆、空”，多角度、多技巧，如对付对方拳法的攻击，不仅可以使用拳击的化解方法，还可以运用腿法化解，或运用摔法化解；如果对手的打击能力强大，可以合理运用战术，如将对手拖入地面进行缠斗等。由此可见，由于有了更多的方法来对付对手的攻击，无疑就使自身受到更多的“保护”，大大提高了自身的安全系数。当然，这也需要运动员通晓和熟悉多种格斗术。

（3）制胜方式多样

综合格斗比赛获胜的方式同拳击比赛相似，如KO胜、优势胜利、医生终止比赛、对手弃权、分数评定或者取消比赛资格等。但与拳击或踢拳等比赛的不同之处在于选手也可以通过让对手认输来取得比赛的胜利。当参赛者由于被降服、挨拳过重或身体疲劳等原因而希望停止比赛时，他都可以主动选择认输。这些规定对保障运动员安全的好处是显而易见的。

首先，比赛在倒地后继续进行，选手通过地面搏击技术使用关节技、绞技等技法来降服对手，从而达到没有任何流血就能够制服对手的目的。

其次，在比赛中，选手可以主动认输也是综合格斗不同于其他比赛的主要特色，进攻方在对手认输后会停止进攻，能够真正做到制服且不伤人，这无疑是一种技击文明的体现。

此外，综合搏击比赛取消被击倒后数秒的规则，只要选手被击倒后出现失去意识等危险情况，裁判员即可终止比赛。而在其他比赛中，选手被击倒后，裁判员计时要数秒，参赛选手还有8～10秒继续恢复比赛的机会，这就使得在比赛中选手可能要连续多次被重击；除了被KO或者弃权，实力差的选手可能要忍受更长回合的比赛折磨，忍受更大的身体伤害风险。

显然，综合格斗比赛中这些多样化的制胜方式以及更为合理和人性的比赛规定，不仅使得竞技场面更为精彩、流畅，也大大增加了比赛的安全性。

（4）严格的赛制管理及监督

鉴于综合格斗技术运用的全面性，比赛安全被组织者给予高度重视。一方面，配备经验丰富的场上裁判，洞悉场上发生的一切，在一方被置于危险境地时及时终止比赛；另一方面，场外有多名医务监督人员随时处理选手在比赛中出现的一切伤患。不仅如此，如今的综合搏击比赛还有着严格的赛制，如对运动员参赛资格进行科学筛选、运动员必须入保险、赛前对运动员进行严格体检等，所有这些措施都有力保证了综合搏击比赛的安全性。

（5）高超的训练水平

经过筛选登上综合搏击擂台的选手，大都具备非凡的竞技能力，正是这些具有高超训练水平的运动员共同组成了MMA优秀的参赛队伍，这些参赛选手不乏奥运会和世界锦标赛的拳击、摔跤、柔道、空手道、踢拳、柔术等项目的优秀运动员，多年的专业训练培养的强悍对抗能力，显然也是使得比赛安全进行的重要因素。

2. 综合格斗的主要赛事及组织

目前，全球范围内掀起了综合格斗的高潮，各种综合性的格斗赛事不胜枚举，其中，最有影响力的综合格斗赛事组织应属美国的UFC和日本的PRIDE（现已倒闭）。

（1）UFC

UFC，即终极格斗冠军赛，是美国本土的综合格斗（MMA）赛事。始办于1993年的

UFC目前是世界上发展最好、最具影响力的MMA比赛，也是世界公认的最具娱乐性与竞技性的体育赛事之一。现在，奥运会和世界锦标赛不同搏击项目的冠军以及其他武术搏击高手都积极参加UFC。UFC的成功也带动了世界范围MMA运动的发展，MMA已成为一项全球化的流行运动。迄今为止，MMA比赛在美国50个州，都已成为正式合法的比赛。除此之外，美国还有将近100家的不同机构，举办着各自的MMA比赛。

UFC在商业上的成功更是有目共睹。2007年，UFC在体育博彩上的收入第一次超过了拳击。事实上，UFC的PPV收入已经打破了PPV产业的历史最高纪录，2006年它以2.2亿美元的收入超过了美国职业摔跤和美国职业拳击。今天，世界上有越来越多的国家和地区在播放UFC的节目，而它们也计划继续扩大国际市场。为了欧洲的观众，UFC在英国建立了新的办事处，并且定期在英国和加拿大以及其他地方举办比赛，当前UFC在全球MMA界的霸主地位不容置疑。

（2）PRIDE

PRIDE格斗大赛，全名pride fighting championship。虽然PRIDE目前已经倒闭，但其在MMA赛事发展中留下了浓墨重彩的一笔，其创造的辉煌如流星划过夜空，光彩永久留在MMA迷的心中，很有必要作一简要介绍。

在20世纪80年代，崇尚武力的日本民族就存在多种形式的综合格斗赛事，但所有这些赛事都不曾获主流媒体的青睐，直到PRIDE的横空出世。实际上举办PRIDE的初衷只是一项一次性赛事，而其初始目的是安排日本国家英雄高田延彦和巴西柔术传奇人物Rickson Gracie在最低限度的规则下对决，以证明谁是“世界最强男”，也就是1997年10月11日的PRIDE处女战。主办者为这场比赛准备了一年多时间，观众的反应出乎意料地火爆，比赛场地Tokyo Dome（东京巨蛋体育馆）涌入了46 863人。没想到的是，高田延彦和Rickson Gracie的比赛5分钟就结束了。主办者甚至感觉这个结果不足以补偿一年多来的辛勤工作，遗憾之余，被商业上的巨大成功所鼓舞，于是决定将这项赛事办成一项常规赛事，也就是曾一度辉煌的PRIDE。

PRIDE创办后，在众多老牌的综合格斗组织中脱颖而出，名声直逼美国的UFC。尤其在2002—2006年，PRIDE发展迅速，这段时期，PRIDE将竞争对手UFC远远抛在身后，几乎包揽了当时人气榜前三甲的战士，深不可测的“60亿最强男”菲多、拥有致命左高扫的“克罗地亚战警”米尔科、霸道而激情的“人猿”旺德雷·席尔瓦，一个个实力强劲而个性鲜明的勇士支撑起了日本MMA帝国的盛世，就连UFC的招牌人物“冰人”查克·德在2003年的PRIDE中量级大奖赛中也只能尴尬地充当一个跑龙套的角色。K-1和PRIDE联手的新年特别赛事甚至赶超了日本新年红白歌会的收视率。

与UFC比赛的场地不同，PRIDE比赛是在一个7米×7米的正方形擂台进行。官方规则为3回合，其中第1回合为10分钟，第2、3回合为5分钟，没有加时赛，局间休息为2分钟。由于PRIDE比赛和UFC的笼斗不同，双方在擂台扭打中有可能部分身体会伸出围绳超过擂台的横截面从而影响双方的发挥。针对这种情况，PRIDE专门设计了一个“重启”规则，裁判会将两人按照当时的位置“搬运到”擂台中央重新开始比赛，就像计算机的重新启动。

不过这梦幻般的格斗帝国因一系列问题在2007年土崩瓦解。2007年3月27日，UFC的大股东菲替达斯兄弟从PRIDE的推广公司DSE手中收购了PRIDE资产，最后被ZUFFA（意大利语“格斗”）公司旗下的UFC收购。自此，伟大的PRIDE FC离开了MMA迷，菲多、米尔科、旺德雷·席尔瓦等国际影响力较大的搏击名将纷纷另谋出路，多数转投UFC阵营。

（3）其他综合格斗组织

当今世界的综合格斗发展以美国最为强大，是当之无愧的MMA帝国。在美国的MMA组织遍地开花，比较有影响的除了UFC之外，还有总部在加利福尼亚州圣何塞的Strike-Force（意译为“打击力量”。它是美国一个专业的MMA和踢拳格斗组织，比赛是在一个六角形的铁笼里进行）；加利福尼亚的IFC（International Fighting Championships，即国际格斗冠军赛）；加利福尼亚的KOTC（King of the Cage，即笼斗之王）；UFC旗下的MMA真人选秀赛事TUF（The Ultimate Fighter，即终极战士）；UFC旗下的另一大组织WEC（World Extreme Cagefighting，即世界极限笼斗冠军赛），WEC赛事成立于2001年，2006年12月UFC并购了WEC，在UFC的带领下，WEC走入发展的高速期）；公司总部在纽约的IFL（International Fight League，即国际格斗联盟），它是世界上第一个基于团队对战形式的MMA联盟，同时还是第一个上市的格斗组织；总部在洛杉矶的EliteXC（Elite Xtreme Combat，即极限对抗精英）；总部设在新泽西州的MMA铁笼赛事ROC（Ring of Combat，即擂台战争）以及BFC（Bellator Fighting Championships，Bellator是拉丁文“勇士”的意思，即勇士格斗冠军赛），它别出心裁地采用了按赛季划分的多人淘汰赛制度等。

当前MMA国际发展迅速，除了北美纳入UFC外，世界上的其他MMA组织也如雨后春笋般地涌现，如日本的梦想和终极、K-1HERO'S、M-1 Global（M-1相对于其他格斗组织，是一个“开放”的格斗组织。它允许签约的选手参加其他组织的比赛，也允许其他组织的选手参加M-1的比赛，这与UFC的“独占契约”完全不同。UFC禁止旗下选手参与其他格斗组织的比赛，无签约选手也不能登录UFC）、CF（Cage Force，即铁笼力量）；加拿大埃德蒙顿的TFC（The Fight Club，即格斗俱乐部），TFC是铁笼赛事，实行的是统一的MMA规则；1997年诞生在巴西的IVC（International Vale Tudo Championships，即国际无限制格斗冠军赛，Vale Tudo就是葡萄牙语中的没有任何限制的意思），IVC格斗赛事以规则极度开放而闻名，比赛选手连基本的拳套都不佩戴就进行搏斗，而遵守的规则也仅仅是不踢裆、不挖眼这样的底线，比赛异常激烈粗暴。随着MMA的发展，过于血腥的IVC赛事也逐渐退出历史舞台。2003年，IVC在葡萄牙结束了它最后一次赛事，此后，Vale Tudo赛事迫于舆论压力再次转入地下；总部位于韩国首尔的FMC（Fighting Mixed Combative，即综合格斗大战），这是一个新兴的MMA格斗组织，在2009年7月成立；总部设在菲律宾马尼拉，由巴西柔术黑带的菲律宾武术家阿尔文（Alvin Aguilar）在2002年创立的URCC（Universal Reality Combat Championship，即环球实战冠军赛），URCC所采用的是围绳擂台，已成为亚洲重要的MMA赛事之一，等等。

3. 综合格斗的发展现状

目前，综合格斗已经成为一项成熟的体育格斗项目而风靡全球，并是世界公认的集观赏性、娱乐性、竞技性于一体的优秀运动项目。现代 MMA 运动把 Kickboxing（踢拳）、柔道、摔跤和中国功夫等各种格斗术运动相融合，使其成为一个非常精彩的格斗比赛。MMA 比赛是体育比赛规则上的一个突破，它对所有的武技一视同仁，赛规的设定不偏不倚，既不会偏向某一种武技，也不会使某种武技处于劣势，不同武术流派的练习者可以在统一的规则下同场竞技。在比赛中允许使用击打、抱摔、关节技等各种技术，并在选手倒地时继续进行比赛。踢、打、摔、拿等各种武技都可以得到完美的展示。

目前，MMA 运动除了在美国、日本等国家迅速发展外，在俄罗斯、英国、法国、德国、西班牙、芬兰、挪威、荷兰、丹麦等欧洲国家都已先后开展起了 MMA 运动。亚洲的不少国家和地区都开始举办自己的 MMA 比赛了。当我们站在 21 世纪的新起点上，纵览世界武坛，综合武术竞技已成了当今世界武坛各类先进武术比赛的主流理念，在一定程度上已经成为世界搏击类比赛的重要发展方向。

二、我国综合格斗的发展概况

历史上，世界各国都有过一些形式的 MMA。在中国五千多年的文明中，武术的历史源远流长。中国民间的比武和北宋时期出现的擂台赛，就是徒手综合搏击的最初形式。

说起 MMA，则不得不提一下著名华人武术宗师李小龙。早在 40 年前李小龙就提出过综合武术竞技的理论，世界性 MMA 比赛的分指手套和截拳道中使用的分指手套几乎如出一辙。

我国的综合格斗事业刚刚起步。中国首次专业的综合搏击赛事是于 2005 年 11 月 16 日在北京体育大学举行的第一届“英雄榜”。之后，“英雄榜”先后举办了多届赛事，安全记录相当良好。我国也先后举办了多个品牌的综合格斗赛事，如英雄传说、锐武终极格斗、武林传奇（Legend Fighting Championship）等比赛，虽相对零星散乱，但这些比赛为我国综合格斗选手的成长起到了积极的推动作用。

可以说，综合格斗虽然在我国的发展方兴未艾，势头正猛，但由于种种原因，目前我国的综合格斗市场尚处于开发的初级阶段，国内的综合格斗赛事多为民间自发组织，比较有影响的综合格斗赛事有大成武艺、精武门（已停赛）、武林笼中斗、勇士的荣耀综合格斗比赛、昆仑决综合格斗比赛、CKF（Chinese Kungfu，中国功夫）等，中国综合格斗市场的培育及发展还需要很长一段时间。

当今世界，武术综合搏击运动得到了空前重视和迅猛发展，作为武术大国，中国武术爱好者众多，有着极其广泛的群众基础，中国的体育产业方兴未艾，综合格斗作为一个对抗性和观赏性极强的项目正在以其特有的魅力被观众所喜爱、为商家所看中，有着巨大的市场潜力和良好的发展前景。

第二节 综合格斗的特点及发展趋势

一、综合格斗打斗风格的融合

自 1993 年现代武术综合格斗创办以来，其技术的演变经历了一个从融合走向成熟的过程，其擂台打斗风格大致可以分为柔术主导阶段、多元时代、全面性阶段。

（一） 格雷西柔术一统天下

在 UFC 初期，参赛选手的格斗风格很明显。拳击手、摔跤手、空手道选手等只是使用自己擅长的技术，风格相对单一。罗伊斯·格雷西（Royce Graice）以独特的巴西柔术展现在观众面前：拳击手在他面前一拳未出就被拖入地面制服；强壮的肯·沙姆洛克（Ken Shamrock）在罗伊斯面前也只支撑 57 秒就被绞杀；决赛中腿法高手吉拉德（Gerand）的拳腿在地面无法施展，罗伊斯的裸绞再次令对手拍垫认输。瘦小的罗伊斯 3 场比赛总共不到 5 分钟就轻取冠军，并连续在 UFC 2、UFC 3、UFC 4 中保持不败战绩，事实证明了胜利并非侥幸。巴西柔术的缠斗风格成为 UFC 早期的主旋律。作为 UFC 早期的英雄罗伊斯在确立了自己的王者地位之后曾说过这样一句话：“我三哥雷克森（Itickson Gracie）比我强 10 倍！”如果说罗伊斯让人们认识了巴西柔术以柔克刚的神奇，那么，雷克森才真正让人认识到巴西柔术类似绞肉机般的可怕。他从来不会被动地寻找战机，而是主动攻击并掀翻对手，在地面以高超的技术抢占位置优势，以地面拳蹂躏对手，一旦对手出现漏洞和松懈，则常常以裸绞或十字固降服对方。在日本的比赛中，雷克森所有的对手都没能避免被制服和 KO 的厄运。对于那个时代来说，雷克森强得令人绝望，观众关心的只是他的对手会如何被干掉，而不是谁会胜利。2000 年日本英雄船木诚胜在隐退战中挑战雷克森，在无时间限制、无规则限制的综合格斗比赛中，时年 42 岁的雷克森用时 12 分 49 秒以标志性裸绞制服对手，以无败战绩为自己的格斗生涯画上了圆满的句号。

（二） 多元化时代的到来

如果说早期的 UFC 是格雷西家族的天下，那么，格雷西家族结束统治退出舞台时，UFC 比赛风格便是真正的百花齐放。随着规则的不断文明化，各种技术在 MMA 规则下开始迅速融合。选手技术上则更有包容性，但也有着自己明显的格斗风格，基本可以区分为擅长站立格斗的打击系和偏爱地面战的缠斗系。街斗大王们的蛮力很快被更为凶狠的技术派所超越，其中打击系的代表人物为维托（Vitorbelfort）和皮德·瑞兹（Pedro Rizzo）。维托的拳法功底深厚，攻防技术都很细致，出招速度快、线路合理，连击拳简直密不透风。街斗选手的拳虽然霸道，但在正宗的拳击技巧面前自然是破绽百出。UFC 12 中体重赛制第一次正式引入，而维托凭借精准的拳法和灵活的移动1分钟内就将巨汉斯科特（Scott Ferrozzo）打倒，夺得UFC第一个重量级冠军。在与阿博特的比赛中，维托的身材相比阿博特小了三圈，但凭借自己的灵活移动绕到其身后，从身后拳击阿博特，使其失去反击能力。作为一个小个子打击系选手，他的成功证明了在MMA比赛中灵活的重拳是最有杀伤力的武器之一。皮德·瑞兹是打击系的另一位杰出代表，师承巴西格斗大师马考（Marco Ruas），他的打斗风格类似改良后的踢拳，在熟悉摔跤的基础上，注重以拳法和低扫来进行立体打击，通过重拳和强力的低扫摧毁对手，绝大多数的观众甚至认为巅峰时期的皮德有能力立足K－1擂台。摔跤手在技术融合与发展中的表现尤为突出，自由式摔跤世锦赛冠军马克·可尔和世锦赛亚军马克·库尔曼便是其中的代表。全盛时期马克·可尔的潜入和抱摔（shoot in/take down）技术至今在MMA界中仍少有人比肩，在他2米之内的对手几乎都会被强力的前冲潜抱技术扭倒，然后可尔凭借其强壮的身体优势在地面进行打击和压制。而马克·库尔曼的地面捶击在2000年的PRIDE GP赛事中大显神威，帮助其成为PRIDE冠军，地面捶击也发展成为MMA的主流技术之一。日本MMA发展步伐在1997年之后也由于PRIDE的诞生而越来越快。当西方的壮汉凭借身体优势横行重量级擂台之际，身体条件并不出众的樱庭和志靠着自己出神入化的柔术技巧屡胜强敌，先后打败4位格雷西家族成员，获得“格雷西猎人”的称号。其中樱庭和志与罗伊斯·格雷西的90分钟鏖战已成为综合格斗史上的经典赛事。马克·库尔曼以他的地面捶击技术君临天下，在PRIDE占据了一席之地。但似乎日本擂台更适合柔术的施展，“柔术魔法师”安东尼奥很快取代了摔跤手对PRIDE的占领之势，以柔术三角绞完成了技术对于身体的超越。柔术与缠斗在这段时期内成为PRIDE的主题。打击系、摔跤系、柔术系三足鼎立，成为综合格斗比赛中柔术之后的三种主要风格。

（三）全面时代的来临

随着技术的融合与发展，无论打击系还是缠斗系都存在着自己技术上的漏洞。在UFC中，马克·库尔曼因为缺乏中远距离的打击能力而败给了前踢拳冠军史密斯。维托和皮德这样的优秀打击系选手也败在摔跤选手出身的藉树·蓝迪笼边战术中。UFC铁笼的网壁设计有利于身强力壮的摔跤选手直接将对手抵在网壁上，限制其活动范围并进行攻击，而精于此道的老将蓝迪正是以此战胜了打击系强者。在PRIDE擂台上，安东尼奥的神奇柔术也因为缺乏打击能力和摔法的配合而无法战胜打击和地面能力融合得几乎天衣无缝的“俄国沙皇”菲多。历史发展决定了“全面型”选手成为比赛的主角，选手要练习的不同技术包括拳击、柔道、柔术、摔跤、泰拳等，大批地面技术与击打技术都出色的选手开始涌现，如摔跤出身的弗兰克·沙姆洛克、昆顿·杰克逊等。随着比赛的磨炼，像“冰人”查克·里德、克罗地亚的“腿王二世”米尔科等打击系选手也猛将辈出。他们发挥了出色的打击能力，同时融合了地面技术，既充分发挥了打击技术的杀伤力，又不缺乏地面技术的应变力，成为当时综合格斗的杰出代表。这些选手在技术上也比较全面，加上出色的个人身体素质，令他们成为新时期的优秀格斗者。打击系与缠斗系的区分越来越模糊，双方的交战也是越来越激烈。“冰人”里德的拳路刁钻，被称为流线拳，意指出拳路线非直非弧，很飘忽而难以捉摸，常常能在意想不到的角度以冷拳一发制敌，他打败了摔跤系好手“坏小子”帝托和老将蓝迪成为新一代 UFC 领衔人物，在 2006 年达到事业巅峰，但 2007 年身为拳法好手的里德却被摔跤出身的“人狼”杰克涵重拳打倒。另一个打击系的典型成功人物是“人猿”希尔瓦，他将泰拳的技术融入 MMA 擂台，内围的膝法精湛，加上斗心强盛，立体攻势凶猛，被称为“野性之拳”，他以凶狠的膝撞技术和拳法两次将摔跤天王杰克逊打得失去意识，并三次粉碎了樱庭和志的冠军梦，但他却止步于古典式摔跤奥运军团成员丹·汉德森拳下。“战警”米尔科的左扫一剑封喉，被称为格斗界最恐怖武器，而他的反摔能力和地面防守能力更让马克·库尔曼这样的摔跤强人都无计可施，但他却败在柔术黑带巴西小将加伯瑞的高扫之下。这些看似错位的赛果实在令人不得不感叹，现在的格斗体系已经很难区分出打击系与缠斗系的明显界限。2006 年 5 月 27 日，罗伊斯·格雷西重返 UFC 战场，被 UFC 次中量级冠军马特·休斯铁拳 TKO（technical knock out，即技术性击倒），这历史性的一战正式宣告了流派概念的消亡和全面发展时代真正的来临。PRIDE 25 中俄罗斯人菲多横空出世，以强悍的实力登上王位，并以行动诠释了什么叫作“全面”。菲多曾获得俄罗斯桑搏冠军，并且是俄罗斯柔道国家队成员，这让他的地面技术全面而丰富，俄罗斯风格的拳击训练打造出他令人胆寒的“俄罗斯勾拳”。他的打击能力和地面能力都十分出色，打摔结合更有一手俄式地面捶击绝活，加上比赛中出人意料的冷静心态，在比赛中极少犯错，因此他成为当时当之无愧的 MMA 王者。

现在已经不再比拼最强流派拳法了，而是比拼谁的技术更突出、更全面。也许这正是综合格斗发展多年来的真正意义所在：没有最强的流派，只有最强的人，门派的概念已经成为历史的尘埃，技术的融合和交叉训练才是格斗的主旋律。

二、综合格斗的特点和技术分类

（一）综合格斗的特点

1. 目前格斗技术中最为丰富的徒手搏击项目

徒手格斗项目是指运动员双方以徒手的方式，在一定的规则下，以对方的身体为攻击目标寻求制胜的竞技体育运动项目。依格斗技术行为的时空状态，徒手格斗可以分为离体格斗、合体格斗及综合格斗，也就是人们习惯上所讲的打击系、缠斗系和综合系。离体格斗的主要特点是攻击的瞬时接触性，搏斗双方采用动作之前必须保持一定的距离，其主要技法有拳法、腿法、肘法及膝法等，离体格斗的代表性项目有拳击、空手道、跆拳道、泰拳等以拳、腿、肘、膝等部位为打击武器的格斗。合体类格斗的双方采用动作之前，必须相互接触并有持续的发力来破坏对方的平衡或控制对方关节，合体格斗的代表性项目有柔道、柔术、摔跤、桑搏等，通过各种投、摔、绞、关节技等手段实现对对手的控制和制胜。综合格斗则是离体技法和合体技法的综合，其代表性项目有散打、综合格斗等，兼具打斗系和缠斗系的特点。

从使用技法的种类来看，徒手格斗的技法基本有四种，即传统武术所说的“踢、打、摔、拿”。目前流行的格斗技法，大多是踢、打、摔、拿的一种或几种技法，如拳击限定拳法、泰拳以站立的打击为主、摔跤以摔法为主、柔道以摔拿为主等，而综合格斗则把踢、打、摔、拿完美地融合在一起。

综上所述，在目前流行的格斗项目中，综合格斗的技法是最为丰富和全面的，部分搏击项目虽然有一定的“综合”，但开放和融合程度都不及综合格斗。就技法而言，综合格斗可以说是目前格斗的“十项全能”。

2. 以击倒和制服作为主要制胜手段

同国际上其他流行的搏击项目制胜方式不同的是，综合格斗不仅仅是击倒（KO）制胜，降服也是其获胜的主要方式，且选手也可以主动选择认输。以击倒和制服作为主要制胜手段是现代综合格斗的重要特点。

在综合格斗比赛中，当选手因为被打击或踢击而进入无意识状态，即为KO；由于选手合理的打击造成的持久性伤害严重到足够终止比赛可被判为技术性击倒（TKO）。技术性击倒可以由裁判、医生、教练或者助手终止比赛。就击倒而言，相对其他格斗项目，综合格斗的击倒也有自身的特点，运动员不仅在站立姿势可以击倒对手，在地面同样可以击倒对手。目前，地面打击技术已经成熟，不少选手在地面的打击甚至高于站立的攻击力，地面击倒已经成为综合格斗的重要制胜特点。

同时，除了击倒制胜之外，综合格斗还兼有降服（submission）制胜。比赛中，一方可以通过技术降服对手，让其认输，快速结束战斗。同时，当一位选手清楚地拍打地面或者他的对手，或者通过语言告知裁判认输，即可被判定降服。这种降服是立体的，不仅可以站立降服，还可以地面降服。当然，由于站立的时空特点，尤其运动员技术水平的提高，站立时的一方是很难控制另一方的，因此，降服主要在地面进行。降服的主要手段是寝技，寝技指在地面上缠斗的技术，以绞和反关节技术为主。早期的综合搏击擂台，由于当时选手技术不全面，寝技练习者优势巨大，直到PRIDE时期降服制胜还经常出现。但是当代的综合格斗中降服取胜越来越少，寝技中的降服越来越多地作为威胁存在，而不是最终获胜的手段，即使一方占据了优势位置，如骑乘位，大多数选手也会倾向于地面砸拳。

由此可见，制服和击倒是综合搏击制胜的主要方式，也是其特点之一，这不仅使得比赛更为精彩、流畅，也大大增加了比赛的安全性。

3. 打法立体多层，地面缠斗不可或缺

规则的开放性决定了技术运用的全面性。在综合搏击比赛中，远、中距离的攻击显然是拳、腿有优势，拳、腿、肘、膝往往是克敌的利器；而近距离及贴身的攻击，摔拿缠斗就成为制胜的法宝。站立搏击时，拳、腿、肘、膝摔更有效；而到了地面则是柔术大显神威。由此可见，综合格斗的技术运用是立体的、全方位的。

攻防矛盾是格斗对抗的本质矛盾，比赛中运动员激烈的身体碰撞不可避免，因而地面缠斗就不可或缺。在现代综合格斗的初期，不管什么样的搏击术之间的对决，最终都落在了进攻和搂摔之上，巴西柔术一统天下，风光无限。巴西柔术虽然脱胎于日本古柔术，但经过格雷西家族的发展已经被打上了深深的格雷西烙印，因此它也被叫作巴西柔术。如今，巴西柔术早已成为 MMA 格斗中不可或缺的核心武技。在综合格斗的擂台上，如果哪个选手不懂得地面缠斗，或者地面技术薄弱，那么就很可能被善于近身控制的对手拖倒在地面，在对手占据有利位置后被其用内围拳脚打击，或者很快在地面被绞杀。

当然，在如今的综合格斗赛场上运动员的技术已经非常全面，单靠柔术或打击取胜的概率也越来越小，因为单靠一种专门技术很难在擂台上生存。运动员要想取得成功，必须技术全面，在打、摔、缠等各方面都要经过严格的训练，否则很可能被对手抓住弱点而轻松解决。

（二） 综合格斗的技术分类

技术是完成综合格斗动作的方法，也是达到实战对抗的重要途径。正确合理的技术必须符合格斗运动的规律，符合人体运动的生物力学规律和生理、心理规律，并有利于取得实战效果。对抗性是综合格斗的本质特性，根据攻防矛盾可以将综合格斗技术分为进攻技术和防守技术两大类。进攻技术是指在综合格斗中击打、摔倒、控制以及降服对手的技术；防守技术是尽量使自己不被打击、不被摔倒、不被控制以及不被降服的方法手段。防守技术可分为接触式防守和非接触式防守两种。接触式防守主要有拍击、阻挡、格挡等；非接触式防守有身法防守和步法防守。

从不同的角度对格斗技法进行分类，有助于全面了解格斗的本质。按照运用技法的动作表现形式，可以把格斗技法分为手技、腿技、摔技和拿技，即传统武术所说的“踢、打、摔、拿”。手技指的是运用拳、掌、肘等上肢动作进行攻击的技术；腿技指的是运用脚、膝等下肢动作进行攻击的技术；摔技指的是运用身体多个部位乃至整个部位，以破坏对手身体平衡使之倒地的动作技术；拿技指的是运用身体全部或一部分，利用人体反关节原理控制对方身体的关节部位使之不能随意运动，即对对手进行控制、制服的技术。

按照攻防的时间特征可以把格斗技法分为打击技法和缠斗技法：打击技法指的是以拳、腿、肘、膝等人体坚硬部位为主要攻击武器的技法，缠斗技法指的是以人体多部位或整体参与，以摔倒、控制、降服为目的的技法。二者的主要区别在于攻防的时间表现，打击技法的时间表现为快速、随机，接触时间短促，攻防转换快，而缠斗技法则接触时间较长，攻防转换相对迟缓。

按照搏击的空间表现可以把格斗技法分为站立技和地面技。站立技就是站立使用的技法；地面技就是倒地后使用的技法。由于站立和地面的空间特点不同，从而使用的技法也不甚相同，甚至表现出迥异的特点。如站立搏击由于移动空间相对较大，格斗技法主要以打技和摔技为主；地面搏击由于空间的限制，则主要以拿技和固技为主。

三、综合格斗的发展趋势

综合格斗经过近 30 年的探索，以崭新的姿态和面貌刷新了人们对格斗的传统认识，其发展也必将顺应历史的潮流和社会的发展趋势，面向未来，面向大众，面向市场，走国际化、多元化的发展道路。

（一）面向未来

从某种意义上讲，综合格斗今天的成就就是很好地适应了社会的发展。社会是不断前进、发展变化的，只有面向未来，才能更好地可持续发展；也只有面向未来，才能跟上时代发展的步伐。当今社会，随着人类生活水平的不断提高和科学技术的迅猛发展，健康日益成为全世界人民共同关注的焦点，体育正在成为人们生活中不可或缺的一部分。作为体育的重要成员，综合格斗也必然要适应未来社会发展的需要，更好地为提高全人类的健康水平以及生活质量服务。

（二）面向大众

一个项目是否能够生存和发展，主要是看它是否具有广泛的群众基础，是否被大众所欢迎。从某种意义上来说，竞技比赛毕竟是少部分人的事情，只有真正地普及，才可能有持续、健康的发展。格斗类项目正是由于其强烈的大众亲和力才得以在世界范围内开花结果。当然，不同的时代，格斗的功能也在不断发展变化。随着时代的发展，综合格斗除了发挥其技击功能之外，更需要发挥其在健身、娱乐、交流等多方面的功能，才能真正扎根大众，真正拥有强大的生命力。

（三）面向市场

目前，全世界范围内，体育产业化已经成为体育的发展趋势，综合格斗在市场上的成功运作就是一个很好的例证。UFC 在美国已成功运作近 30 年，收视率超过棒球以及美国职业摔跤，仅次于美国第一运动——美国职业橄榄球联赛。随着全世界范围内体育产业化的不断推进，综合格斗必将进一步推进市场化的进程，职业化、市场化、产业化将成为综合格斗发展的必然趋势。

第三节　其他主要搏击术简介

一、拳　击

拳击竞技是两人在正方形的绳围比赛场地中，戴着特制的柔软手套，按一定规则和技术要求进行的攻防对抗（图 1－1）。攻防的武器只能是戴上特制手套的两只拳头，攻防的目标只限于对方腰髋以上的身体部位。拳击被人们称作是“艺术化的搏斗”。由于拳击需要肌肉的强大爆发力，需要完善的技术和战术，所以，拳击是最复杂的竞技运动之一。

图1－1　拳　击

拳击运动源远流长，在《英国大不列颠百科全书》中就有“公元前40世纪，幼发拉底和底格里斯两河流域发现拳击的遗迹”的记载。古埃及人用象形文字记载了拳击用的护具“皮绷带”。后来大约在公元前17世纪，拳击运动经过地中海的克里特岛传播到古希腊。公元前5世纪在爱琴海岸发掘的一对瓷瓶上，有两人相互攻防的拳击图案。在希腊神话中，传说雅典王子赛希阿斯（公元前1000年）就通晓拳术，曾玩过拳击。在美索不达米亚的考古发掘中，也发现了1 700年以前拳击活动的遗迹。在公元前688年举行的第23届古代奥运会上，拳击运动就被列为正式比赛项目，并且逐渐成为古代奥林匹克运动会中占有重要地位的运动项目。在公元前616年的第41届古代奥运会上，又增加了少年业余拳击比赛。

现代拳击运动于18世纪起源于英国。当时比赛不戴拳套，亦无规则和时间限制，直到一方丧失继续比赛的能力为止。英国著名拳击家J. 布劳顿于1743年针对拳击比赛的混乱局面，制定出了最早的一份拳击规则，又在1747年设计了拳击手套，对近代拳击运动的发展做出了贡献。1839年，英国颁布了新的伦敦拳击锦标赛规则，1853年进行了修改，禁止用足踢、头撞、牙咬等攻击动作，并规定拳击台四周用绳围起。1867年英国记者钱伯斯编写了新的拳击规则，强调了拳击的战术和技巧。1880年伦敦成立了英国业余拳击协会，1881年举行了第1届拳击锦标赛。1924年第8届奥运会前夕成立了国际业余拳击联合会。当今世界上同时存在着两种拳击运动，即职业拳击和业余拳击，奥运会和亚运会的拳击比赛都属于业余拳击。这两种拳击在比赛规则和方法上都有很大的差别。在圣路易举行的第3届奥运会上，拳击第一次被列为正式比赛项目，参加比赛的只有美国一个国家的44名运动员，美国自然获得了所设7个级别的所有冠军。到了1964年在日本东京举行的第18届奥运会上，就有56个国家的269名运动员参加拳击比赛。

我国现代拳击始于20世纪20年代后期，最初称之为“西洋拳”。30年代，南京国民党政府的中央国术（武术）馆、国立国术体育专科学校将拳击列为主课之一。我国在1953年和1959年两度暂停拳击运动。

拳击的比赛规则有自己的独特之处。国际业余拳击联合会在1997年开始实行的新规则中，规定业余拳击比赛实行 5 个回合制，每个回合 2 分钟，回合间休息 1 分钟；职业拳击比赛一般是实行 10～12 回合制，每回合 3 分钟，回合中间休息 1 分钟。世界拳击联盟比赛主要靠技术得分来判定胜负，所用拳击手套大而且厚，比赛时运动员要穿背心、短裤、软底拳鞋、戴护头盔。职业拳击比赛主要靠强烈攻击或将对方击倒判定胜负，被击倒一方如果在 10 秒钟内不能站立起来恢复比赛，就判对方获胜；比赛时职业拳手的手套小而且薄，赤裸上身、头部不戴头盔进行比赛。

二、泰 拳

泰拳，即泰国拳术，是一门传奇的格斗技艺，是一项以力量与敏捷著称的运动。泰拳主要运用人体的拳、腿、膝、肘四肢八体八种武器进行攻击，以凶猛、强悍著称，杀伤力大（图 1－2）。现在人们口中所说的泰拳一般指现代泰拳（Muay Thai），而并非指古代泰拳（Muay Boran）。现代泰拳技法又可以分两种派系，一种是泰式的，一种是欧式的，两者的技法基本一样，差别就在于训练的着重点和打法。泰式主要以腿法、膝法为主，泰国本土选手就算不会用拳，也会发出标准的扫腿。欧式则是以拳法、腿法为主，膝法、肘法为辅，偏向自由搏击（Kickboxing）。

图 1－2 泰 拳

泰拳与其他民族的技击项目一样，有着源远流长的历史。在 1767 年缅甸军队攻克泰国国都时，泰国早期的历史资料、文献档案被毁于战火之中。今天我们所知道的泰国历史大多是从泰国民间仅存的记载，早期欧洲旅行家的著作和缅甸、柬埔寨、中国等方面的资料拼凑而成的。这种混合而成的史料，自然存在许多不同的说法，这给泰拳的史料研究带来了一定的困难。但是，我们仍然可以从中了解到泰拳发展的概貌。经考证，泰族文化虽深受中国、印度两国文化的影响，而且泰族和中华民族有着密不可分的血缘关系，但几百年来，泰族在中南半岛一带生息繁衍，他们在长期的抵御外族侵略的斗争中，逐渐形成了本民族特有的拳术。因此，我们说，泰拳是泰族在长期的抗御外来侵略战争的历史背景下产生的。根据较为可靠的史料记载，18 世纪大城王朝时的乃克侬东应为泰拳的祖师，他在缅甸军攻破大城时被俘虏为奴隶，而在一次庆典中缅甸国王安排缅甸拳师与其比武较量，结果他竟然连续战胜九人，到了第十人则不敢上场跟他比拳，连缅甸国王也不由得赞叹："泰拳师武艺非凡……苟非其君王庸弱，彼辈当可免丧邦之痛。"他因而威镇缅甸，为泰拳的历史写下了光荣的一页。如今，泰拳已经有500 年的历史，在现在以旅游业支撑经济的泰国，地位变得更为重要。20 世纪 60 年代，在世界搏击运动潮流影响下，泰拳从原始的武术发展成为一种激烈对抗的运动，去除了原先许多复杂的动作，以实用和高效著称，泰拳手在世界搏击舞台的表现，让世界为之惊讶。亚洲的一个小国，它的武术竟然如此的高明并且极具杀伤力和科学性，许多国家引进了泰拳技术，为己所用。现在欧洲、美洲，以及亚洲的日本、韩国，泰拳俱乐部比比皆是，让泰拳真正地源于泰国，属于世界。大家熟悉的 K－1MAX 世界自由搏击大赛和 KOMA 世界泰拳联盟赛、S－1 欧联盟自由搏击大赛，它们的规则和拳手基本上都是源自泰拳。

泰拳比赛场地与拳击相同，参加竞赛者规定穿红或蓝裤，以便公证人、观众及裁判员辨认，泰拳比赛进行时臂上可戴彩带或饰物。泰国人信奉佛教，在泰拳比赛中，选手在赛前必须有祈祷仪式，选手上场时，各披战袍，在音乐声中走进赛台，选手头戴圣圈，形如花环，圣圈泰语称之为"望功"。选手进场后先双手合十向观众致礼，然后，擂台旁的乐队奏起"出战歌"，鼓鸣笛响，这是泰国乐曲，乐器以笛、鼓、叮当为主。拳拳师闻乐起舞向天祈祷，由于师承和派别的不同，所以祈祷的形式也不一样，有的屈膝跪地埋首不动，默默祈祷；有的随乐起舞向观众显示健美的身材和武姿；有的双手掩面无言呆立；有的双手合十举于额际，围擂台而转。向天祈祷，向祖师祈祷，以求成功。由于这一仪式是很神圣的，所以选手们非常认真，整个仪式非常隆重。

泰拳是泰国的国术，备受泰国人民喜爱，基本上每天电视台都会有大大小小的职业拳赛转播，而泰国最大的两个拳场伦批尼和哳乃隆，更是每个职业泰拳手心目中的圣地，能在这两个拳场比赛是泰拳手的荣誉。泰拳号称"五百年不败"，其健身性和实用性可见不凡。几百年来，泰拳已经从一项古老的杀人技术演变为一项激烈的竞技运动，推广到世界各地，现已成为一种时尚、一种娱乐。

三、空手道

空手道是巧妙应用拳、脚，探究胜负的原理，进而达到超越胜败的境地，是磨炼精神、体魄、技术，探究真、善、美的动态的禅道。通过不懈的努力、严格艰辛的竞技，掌握高级的护身之技，锻炼强健的身体和健全的精神，以信心和勇气努力实践，就是空手道的精神，是空手道最根本的精髓（图 1－3）。

图1－3 空手道

空手道是由距今500年前的古老格斗术和中国传入日本的拳法糅合而成的。那时，在琉球上层阶级间，暗中参考中国的拳法创出了独特的“唐手”，即最初的“空手道”。而在“唐手”之前，已有的“那里手”和“首里手”（是根据地域命名的）成为现今空手道各流派的渊源。1922年5月冲绳尚武会会长船越义珍赴东京，在文部省主办的体育展览会上表演“唐手”，之后“唐手”就在日本迅速普及。1935年船越义珍大师出版了《空手道教学方式》一书，“唐手”正式改名为“空手道”。空手道发展到了现代已与其他一些运动一样成为一项体育比赛项目。1970年，全日本空手道联盟主持了第一次世界空手道锦标赛，并成立了“世界空手道联合会”。这些实力强大的团体，在一些政治家、实业家的支持下，不断地致力于把空手道推向世界，他们保持以“型”为中心的体系，对抗比赛采用“寸止”。称此种形式为传统空手道或体育空手道，是基于对空手道“一击必杀”之威力的敬畏之心。当前空手道正式的国际组织为世界空手道联盟（WKF），正统空手道主要有松涛馆流、和道流、刚柔流、系东流四大流派。世界空手道联盟的型（套路）的比赛标准仅以松涛馆等四大流派的指定型为标准。

随着拳击、摔跤、柔道等近代竞技格斗技的出现，有人对传统空手道“一击必杀”的威力产生怀疑，对缺乏灵活性的弓步站立方式的实用性产生怀疑。那猛烈的冲拳、弹踢可以断砖、碎瓦，但作用在活动的人身上又怎么样呢？那种不直接接触，仅打在离对手一寸处即停住的方式，令人疑问空手道真正的实用性在哪里？那种繁复的“寸止”判定方式，最终所面对对手的结果是什么？对于这些，传统空手道全然不顾，以致造成防守反击的技术难以发挥，也降低了其实战性。同时由于一方“寸止”，另一方仍在移动，相迎击撞的伤害并不少见，故作为竞赛项目，也不是绝对安全的。而这种没有碰撞就定输赢的判定方式使观众看得稀里糊涂，于是，一些勇于实践空手道中“武”的因素的人士，便一直坚持进行直接击打式比赛的研究和革新。

空手道运动在世界范围内得到广泛的推广和普及。“世界空手道联盟”发布的统计数字表明，其会员协会已超过了100个国家和地区，成员高达3 500多万人。“国际空手道联盟极真会”也声称，“极真会”空手道在近100个国家和地区中拥有650余个支部，有1 200多万名会员。虽然极真会馆随着1996年总裁（创办者）大山倍达的去世而分崩瓦解，但其影响力依然存在，在国际上还有着较高的声望。

空手道和柔道、跆拳道一样，等级也是用腰带颜色来表示的。每一个流派都有自己的等级规则，如松涛馆流，10～9级：白带（初学者）；8级：黄带；7级：红带；6级：橙带；5级：绿带；4级：蓝带；3级：紫带；2～1级：茶带（分茶带二段和茶带一段）。

四、散　打

散打是指两人按照一定的规则，运用武术中的踢、打、摔等攻防技法制胜对方的、徒手对抗的现代竞技体育项目，它是武术的重要组成部分（图1－4）。

图1－4　散　打

中国武术的起源最早可追溯到原始社会。在原始社会的生产活动中，人类为了生存而进行的斗争是武术产生的重要因素。远古时期，人与兽之间的搏斗，固然是技击萌生的因素之一，而人与人斗，则与武术的萌生有更为直接的联系。这种经常性的斗争促进并不断积累了人们的“战斗”技能，这些最初的搏斗技巧就是武术的萌芽。随着生产力的发展，私有制的产生，冶炼技术的出现，冷兵器时代开始了。此时各个部落或国家间的冲突、战争更加频繁，规模也越来越大，这便需要更多有战斗技能的人。军队用在战争中获得的格斗经验对士兵进行训练，以此来提高他们的战斗力。可以说，在不晚于西周的奴隶社会末期，就出现了构成武术基本因素的专用兵器及其使用技术以及徒手格斗技术，它们沿着以格杀为唯一目的的途径发展，形成了自己的形制、攻防方法和训练手段，从而形成了古代武术的雏形。武术在后来整个历史发展进程中，由于政治、社会等种种原因，曾出现“相扑”“角抵”式的表演，出现了竞技形式的“手搏”和“打擂台”等形式。在绵长的中华文明进程中，武术不断汲取哲学、医学、美学、兵学等传统文化的营养，在特有的文化氛围中，其功能也逐渐多样化。宋元时期已经形成了一定的规模体系，发展至明清时期，武术不断成熟完善，成为传统文化的重要组成部分。

武术发展至近代，人们也开始逐渐认识到武术在强兵卫国中的重要作用，开始对武术进行全新的思考。在有识之士倡导下，许多学校均开设武术课程，积极倡导尚武精神。1933 年，武术正式被列为全国综合性运动会竞赛项目。中央国术馆在南京举办“国术国考”，设有散打比赛，曾试图把“打擂台”这种民间形式以体育比赛的形式展现出来，但都没有获得成功。1936 年，中国体育协会选派国术表演队为柏林第 11 届奥运会进行了表演，为弘扬中华武术、使武术走出国门迈出了重要的一步。

中华人民共和国成立后，武术被作为优秀民族文化遗产加以继承和发展。1952 年武术被正式列为推广项目，并于 1953 年在天津举行了全国民族形式体育表演及竞赛大会。1954 年各地体育院系开始把武术列为正式课程。但在研究发展的重点上，将武术套路运动形式作为推广、表演和竞赛的重点，散打在民间仍有流传，但皆属自发性质。由于当时的历史背景，对抗形式（散打等）都在武术中弃之不提了，此时的武术套路得到了长足的发展，武术对抗的形式处于一种不死不活的“百花凋零”状态。

1978 年，党的十一届三中全会以后，文化界出现了百花齐放、百家争鸣的大好局面。武术也开始在全国广泛地开展起来。为全面继承和发展武术这一古老的传统文化遗产，1980 年 10 月，国家体委调集散打试点单位的有关人员开始拟定《武术散打竞赛规则（征求意见稿）》，通过试验修改，于 1982 年 1 月制定了《武术散打竞赛规则（初稿）》，并按此规则在北京举行了全国武术散打邀请赛。随后按照这一规则，在北京举行了全国武术对抗项目表演赛。1990 年国家体委正式公布实施《武术散打技术等级标准》，在 1993 年的第 7 届全国运动会上，武术散打被列为全运会正式比赛项目，1991 年，国际武术联合会在北京举办了第 1 届世界武术锦标赛，散打被列为表演项目。

1998 年以后，散打运动开始走向成熟并积极进行市场化运作。为把武术推向市场，中国武术协会、中国武术运动管理中心做了大量有益的尝试，在成功运作了南北争霸赛后，1999 年推出的“中国功夫 VS 美国职业拳击”争霸赛，使中国散打的知名度得到大幅度提高。尤其是 2000 年开赛的中国武术“散打王”争霸赛影响最大。2000 年 3 月 25 日，中国武术散打职业联赛暨首届中国武术“散打王”争霸赛在北京奥林匹克中心武术协会散打馆开战，来自全国 6 个级别的 120 余名运动员通过 9 个月的角逐，产生了中国第一个“散打王”称号获得者。2002 年在上海举行了第 1 届武术散打世界杯，2005 年又举行了俱乐部联赛。尽管这些并不是真正意义上的职业联赛，运动员还没有实现真正的职业化，但中国武术毕竟在市场化的道路上迈出了开拓性的一步，为今后的发展打下了坚实的基础。

到目前为止，散打运动已发展成为一项常规赛事。国内比赛主要有全国运动会武术散打比赛、全国武术散打锦标赛、全国青少年武术散打锦标赛等；国际上，散打是世界武术锦标赛、亚运会的正式比赛项目，具备了除奥运会以外的几乎所有规模赛事的比赛形式。竞技散打的龙头作用得到了充分发挥。

总之，作为一项民族体育项目，武术运动的对抗形式——散打，从 1979 年试点到现在，经过 40 多年的探索和不断发展，竞技体系日益完善，比赛日益精彩、激烈。目前，散打运动在国内、国际得到稳步发展。

五、自由搏击

自由搏击，又称国际自由搏击、欧美全接触自由空手道等，它不拘泥于任何固定的套路招式，而是提倡在实战中自由发挥，灵活施展拳、脚、肘、膝和摔跌等各种立体技术，长短兼备，全面施展，以最终击倒或战胜对手为目的（图 1－5）。自由搏击技术是简捷的，也是实效的，它的技术体系在不断地充实和完善。“告诉我基本原理，我将得出适合我自身的独特的技法”，这就是自由搏击拳学理念的最佳概括表达。在此思想指导下，经过数十年的实践和取长补短，自由搏击已然形成完美的理论和技战术体系以及竞赛规则办法，在百舸争流的国际武坛占据了重要一席。

图 1－5　自由搏击

现代自由搏击于 20 世纪 60 年代发端于欧美，以美国为主要起源和发展中心，在西方文化环境影响下，在全球文化、经济等大范围交流碰撞和开放融合的历史背景中，逐渐孕育并发展壮大起来，是一种没有套路、没有宗派，强调个性风格，以实战求胜为主旨的西方自由式全接触徒手攻防搏击术。自由搏击兼容并积蓄了东方中国武术，日本空手道、柔道、剑道，韩国跆拳道，泰国拳，以及西方拳击和摔跤等武道的精华，是现代东西方武道文化和技艺的最佳结合产物，是当今世界武坛独树一帜、高度科学化和艺术化的先进实战武道，体现了人类武道融汇的成果和结晶。

自由搏击以竞赛的商业化、职业化程度高、开放性好而著称，几乎所有国际自由搏击比赛中都采用“无限制自由比赛”的方法，不限制参赛选手的资格，在规则上与泰式比赛规则类似，比赛双方均赤裸上身（或着短袖衫、背心），下穿长裤，手戴拳套，脚穿护具（或不穿），进行全接触搏击比赛。因此，自由搏击赛事往往异常紧张和激烈，非常吸引拳迷和观众，同时也对自由搏击选手的技战术水平、战斗意志、体能、抗击力等整体搏击能力提出了更高、更全面的要求。而且，自由搏击打破了宗派界限，凡承认其竞赛规则的团体或个人，均可参加自由搏击比赛，这在客观上为世界各种流派武术的交流以及自由搏击技术体系的检验和完善提供了条件。因此，自由搏击赛制被国际武坛视为武道搏击的终极模式，并看作是真实体验武道优劣和选手真正实力的唯一公平方式，这样自由搏击竞赛规则就成了国际武道竞技的流行和公认标准。

六、跆拳道

跆拳道是一项主要运用手脚技术进行格斗的韩民族传统的体育项目，是朝鲜半岛普遍流行的技击术，它由品势（特尔）、搏击、击破、特技、跆拳舞五部分内容组成，具有较高的防身自卫及强健体魄的实用价值（图 1－6）。它通过竞赛、品势和功力检测等运动形式，使练习者增强体质，掌握技术，并培养坚韧不拔的意志品质。现代跆拳道以腿为主，以手为辅，主要在于腿法的运用，腿法技术在整体运用中约占 3/4，因为腿的长度和力量是人体最长、最大的。腿的技法有许多种形式，可高可低、可近可远、可左可右、可直可屈、可转可旋，威胁力极大，是实用制敌的有效方法。

图 1－6 跆拳道

跆拳道起源可以追溯到朝鲜半岛三国时代的跆拳，甚至可以追寻到古代的徒手搏击，但其真正被大众接受，还是从 20 世纪 50 年代起，其内涵风格以及名字才逐步得到规范和统一。“跆拳道”一词，是 1955 年由韩国的崔泓熙将军创造的，其中“跆”指踢击（脚法），“拳”指拳击，“道”则是代表道行、自己对礼仪的修炼。据说崔泓熙将军早年在日本留学时，学习了日本松涛馆流空手道，并将其融入跆拳道中去，因此在跆拳道的型中，可以看到少数松涛馆流的手部招式。

1961 年 9 月，韩国成立了唐手道协会，后更名为跆拳道协会，跆拳道成为全国运动会正式竞赛的项目。1966 年，第一个国际组织——国际跆拳道联合会（ITF）成立，崔泓熙任主席。1973 年 5 月，世界跆拳道联合会（WTF）在韩国汉城成立，金云龙当选为主席。1975 年世界跆拳道联合会被正式接纳为国际体育联合会的会员。1980 年国际奥委会正式承认了世界跆拳道联合会。1994 年 9 月经国际奥委会批准，跆拳道被列为 2000 年奥运会正式比赛项目，设男女各 4 个级别。在世界锦标赛、亚运会和亚洲锦标赛上共设男女 8 个级别，并且每两年还要举办一次世界锦标赛和世界杯比赛。目前，跆拳道运动已经成为完全独立的国际体育正式比赛项目。经过 30 多年的推动，以世界跆拳道联合会为主体倡导的竞技跆拳道更是在世界范围内得到了迅猛发展。竞技跆拳道的鲜明特点是以竞技为主，以品势练习为辅。

1992 年 10 月 7 日，中国跆拳道协会筹备小组成立，这标志着我国跆拳道运动正式开展。1994 年 5 月，在河北正定举行了首届全国跆拳道教练员和裁判员学习班。1995 年 5 月，共有 22 个单位、205 名运动员参加了在北京体育大学举行的第 1 届全国跆拳道锦标赛，从此跆拳道运动在中国迅速发展起来。1995 年 8 月正式成立了中国跆拳道协会，魏纪中当选为第一任主席。同年 11 月，中国跆拳道协会被世界跆拳道联合会接纳为正式成员。2000 年 9 月 29 日，在悉尼举行的第 27 届奥运会上，我国选手陈中获女子 67 公斤以上级冠军，成为我国第一位获得奥运会该项目冠军的运动员。就目前来说，我国跆拳道运动的整体水平与国际跆拳道仍有一定的差距，但差距在不断缩小。相信在社会各界人士的大力支持下，在广大跆拳道教练员、裁判员、运动员以及跆拳道爱好者的共同努力下，中国跆拳道一定会走出一条属于自己的道路，形成自己的风格、特点，并在国际跆拳道大赛中再创辉煌。

跆拳道的比赛场地是长 8 米、宽 8 米，水平的、无障碍物的正方形场地。场地的地面为有弹性的垫子。场地中央长 8 米、宽 8 米的区域为比赛区，其余部分为警戒区，警戒区和比赛区表面用两种不同颜色划分，同色时用 5 厘米宽的白线划分。跆拳道的每场比赛分为 3 局，每局比赛时间为 2 分钟，局间休息 1 分钟。跆拳道比赛中允许攻击的部位包括髋骨以上至锁骨以下及两肋部，可攻击背部、头部，两耳向前头颈的前部只允许用脚的技术攻击。

七、摔跤

摔跤被公认为世界上最早的竞技体育运动，有着悠久的历史，希腊、埃及、中国以及日本等国家的古代文明中都有摔跤的文字记载。在公元前 776 年古代奥运会诞生之时，摔跤就是其中的一项比赛，而且一直是历届奥运会的比赛项目。摔跤比赛时两名运动员徒手相搏，按一定的规则，以各种技术、技巧和方法摔倒对手（图 1 -7）。

图1-7　摔　跤

现代摔跤运动起源于希腊。古希腊人非常崇尚摔跤运动。相传，神话中的英雄捷谢伊——雅典民主奠基人，从雅典女神那里学来了摔跤规则，从而发展了摔跤运动。当时有人这样说："摔跤是最完善、最全面、最协调的一项运动，它是全部体育运动的结晶。"希腊有许多著名的哲学家、诗人和军事将领都是摔跤手，如古希腊著名哲学家柏拉图，就是当时的摔跤名将。在奥运会中摔跤项目是占有重要比重的，分为古典式和自由式两种，又统称为国际式摔跤。

古典式摔跤，起源于古希腊。公元前2世纪末，罗马帝国出兵侵略希腊。占领者在征服希腊之后，将自己国家原有的摔跤和希腊式摔跤相结合，并在此基础上发展与创新，产生了希腊罗马式摔跤。因为希腊罗马式摔跤出现于希腊奴隶制繁荣阶段，此时期在历史上被称为希腊古典时期，所以，这种摔跤最初被称为古典式摔跤。这项运动在希腊的不断发展和在欧洲其他国家的推广，对古典式摔跤的形成起到了积极的作用。18世纪90年代，法国一些喜爱这项运动的人自动组织职业班子，到许多地方巡回表演，后来逐步演变成为一种比赛，使古典式摔跤逐渐发展起来。

古典式摔跤比赛时，运动员手臂抱对方的头、颈、躯干和上肢，将对方摔倒后并使其双肩触及垫子者为胜，如果在规定的时间内未能出现这种情况的话，则按得分的多少判定胜负。比赛时不得抓衣服和不允许进攻对方的下肢。

在古典式摔跤兴起的年代，欧洲又出现了另一种摔跤——自由式摔跤。这种摔跤与古典式摔跤基本相同，差异之处在于自由式摔跤可以手足并用，用抱头、抱颈、抱躯干、抱上下肢、缠腿、勾足、挑腿等动作将对方摔倒并使其双肩触垫者为胜，如果在规定时间内未能出现这种情况的话，则按得分的多少判定胜负。比赛时不许抓衣服和使用反关节、窒息动作。19世纪，英国人制定了较为明确的自由式摔跤规则，所以自由式摔跤最后定型于英国。

八、柔道

图 1－8 柔 道

柔道在日语中是“柔之道”的意思，就是“温柔的方式”。柔道部分起源于一种古代日本武士空手搏斗的技术即柔术。柔道是一种对抗性很强的竞技运动，它强调选手对技巧掌握的娴熟程度，而非力量的对比，是一种以摔法和地面技法为主的格斗术，其制胜主要通过把对手摔倒在地而赢得比赛。它是奥运会比赛中唯一允许使用窒息或扭别关节等手段来制服对手的项目（图 1－8）。

柔道是日本武术中特有的一科，是由柔术演变发展而来的，具有悠久的历史。公元 1638 年日本创建了柔术，创造了其中的踢、打、摔、拿等技术，同时，结合本国武术和本国国情以及外国武术形成了新的流派——柔术。

现代柔道运动是被誉为“柔道之父”的嘉纳治五郎在 19 世纪 80 年代创立的，并且在 1964 年东京奥运会上成为奥运会比赛项目。1877 年，日本东京帝国大学（现在的东京大学）18 岁的学生嘉纳治五郎，从健体的愿望出发，立志学习柔术。最初在天神真杨流派的福田八之助门下就学，后在同流派的矶正智处学习，随后又在饭久保恒年的起倒流派学习，经过数年努力，业艺达到很高水平。他对天神真杨流派、起倒流派以及其他各流派进行了深入研究，不持门户之见，博采众家之长，经过整理改革，使柔术技艺理论和技术趋向完善，并制定了一套较为系统的训练方法，取消了具有危险性的动作，确立了以投技、固技、当身技三部分为主的新的柔术体系，从而将传统柔术改革创造成为面貌一新的现代柔道运动。从此，柔道成为具有教育性的体育项目，并使柔道在培养高尚的意志品质方面迈出了新的步伐。

柔道在日本有着十分广泛的群众基础。现在日本每年围绕全国柔道比赛大会，要举办各种类型的比赛。例如，各地区的中学生（相当于我国的初中生）柔道比赛、高等学校（相当于我国的高中生）的全国比赛、全日大学生优胜赛，以及各种形式的对抗赛等。柔道在日本不仅是娱乐性质的体育运动，而且是学校体育的一项教学内容，这就使日本人民从少年时代起就有机会接受系统训练，为提高柔道技艺奠定了坚实的基础。因此享有“柔道之国”美誉的日本，在历届奥运会和世界比赛中，几乎每次都获得半数以上的金牌和团体冠军。

柔道的攻防技术分为立技（站立技术）、寝技（倒在地上的翻滚角斗技术）以及防身自卫击打对方的当身技。现在柔道比赛中已不准使用当身技。立技分为投技（站立不倒的投技）和主动倒地的舍身技。寝技分为固技、绞技、关节技。固技是把对方的背部按压在垫子上，使之不能逃脱，而施技者保有行动自由；绞技是两人倒在垫子上，用手臂或柔道服勒绞对方的颈部使之窒息而认输（以拍击垫子动作示意）；关节技只许应用肘关节，是通过别锁对方的肘关节，使之疼痛而认输。

柔道比赛场地用榻榻米或类似榻榻米的合适材料铺设，颜色通常为绿色，分比赛区和安全区。运动员一方穿蓝色的柔道服，另一方穿白色的柔道服。比赛时，根据运动员使用的技术，按一本、有技、有效、效果进行评定。在一场比赛中，运动员获得“一本”后，该场比赛即可结束，获得“一本”的运动员获得本场比赛的胜利。一场比赛中没有出现“一本”胜利时，在规定的比赛时间内，则按“有技”“有效”的多少评定胜负。但是一个“有技”胜过所有的“有效”。如果双方得分相等，则进行加时赛，加时赛中先得分者获得该场比赛胜利。加时赛结束后，如果双方得分还没有改变，则双方体重轻者获胜，或由场上3名裁判员经过商议后举旗决定胜负。柔道禁止击打，不许用头、肘、膝顶撞对方，除了肘关节外，不许对其他关节使用反关节的动作，不许抓头发和生殖器。总之，任何可能伤害对方颈椎或脊椎的动作均被禁止。运动员有犯规行为或是踏出比赛区，根据情节轻重受到“指导”“注意”“警告”“取消该场比赛资格”的处罚。运动员在一场比赛中，受到两次警告，就取消该场比赛资格，判对方获胜。

九、巴西柔术

巴西柔术起初是一种扭斗的武术，它的技术和策略都基于对地面打斗的深入研究。柔术练习者擅长将对手拖向地面，然后在地面上获得控制的姿势。一旦形成控制姿势，柔术练习者可以使用关节技、绞技或击打技术等多种攻击手段，将对手制服（图1－9）。在1993年第一次终极格斗大赛（UFC）上，罗伊斯·格雷西获得冠军，尽管他体重最轻，还是接连赢得3次终极格斗大赛的冠军，并且是在终极格斗大赛历史上唯一在一晚上连续赢得4场比赛的选手，从此巴西柔术开始引起世人的关注。

图1－9　巴西柔术

巴西柔术源于日本柔术，柔术拥有大量的格斗技术，包括打、投、关节技及绞杀技。柔术的特点在于充分利用杠杆，而非与对手抗力、比力。柔术练习者会选择使用技术，让对手屈服或耗尽其体力，最终将其制服。

1914 年，前田光世来到巴西。前田光世在日本被誉为“打斗伯爵”，是古柔术及 Kodokan 柔道的专家。前田光世非常擅斗，并通过参加各种比赛来检验自己的技术，经常参加全接触的打斗赛。在巴西，他受到卡斯托·格雷西的帮助，后者是拥有很强政治背景的成功商人。于是，柔术大师前田光世将地面格斗的法则介绍到巴西，将自己的柔术技术传给了卡斯托·格雷西的几个儿子。艾里奥·格雷西是兄弟中年龄最小的，也是最瘦弱的，但却成了格雷西的重要代言人。艾里奥·格雷西对这些技术进行改造，使之适合像他这样的小个子格斗者。他添加新的技术，去除那些需要用很大力量或实战中不实用的技术。以艾里奥·格雷西为首，格雷西兄弟不断掌握最直接有效对付敌人的方法。艾里奥成为兄弟中最厉害的选手——家族冠军。他成为改革者，发展了新的技术和策略，完成了从“日本柔术”到“巴西柔术”的演化。艾里奥·格雷西参加了职业的比赛，他挑战过日本柔道、柔术选手，职业摔跤手、拳击手及街战专家。格雷西格斗体系最伟大的创新，在于它发展出最接近真实打斗的策略，即将打斗在地面上进行。格雷西积累了大量的经验，其策略在真实打斗中得以验证。他们发现，多数打斗最后在地面结束。特别是在对付肌肉比你发达、体重超出你许多的对手时，格雷西发现如果你将对手拉到地上，他的武器——击打和踢击会被大大地削弱。这种先进的打斗策略让巴西柔术的斗士在众多无限制格斗赛中取得胜利，其格斗系统被世界接受。格雷西试图找到应对所有武术的解决方案：如何开创一种格斗体系，对任何对手都有效，让所有的训练者获得相同的效果。历经一生的战斗，艾里奥·格雷西年近古稀时，依旧在巴西教授柔术，把传播柔术当成自己的生活方式。

巴西柔术没有故步自封的陋习，没有模式化的对练套路，练习它更需要创新思维，因为所有的技术和整个身体在对抗时就像一盘棋。它讲究力，但不过分强调爆发的蛮力，每次用力都有明确的发力点、支点、着力点，可控性很强，可以弱胜强。巴西柔术为武术界带来了革命，成为最受欢迎的武术之一。那些希望找到一种真正有效的自卫武术的人们，可以在巴西柔术中找到最有效和简捷的答案。

如果格斗中倒地不能避免，学习柔术就成为一个武者的必修课。事实上也正是如此，现在的世界级武术家，都在保持原来武术风格的同时苦练柔术。作为一个全能斗士，武术的任何一个方面都不可忽视。巴西柔术给我们开启了一个思路：格斗的模式不是一成不变的。无论对付个人或成群的攻击者，技术全面才能有更多胜出的把握。

随着巴西柔术在全世界的发展，以及 MMA 的影响，我国已有越来越多的搏击爱好者和专业运动员开始借鉴并学习，同时成立了众多的教学机构。

十、桑　搏

桑搏一词来自俄罗斯语“SAMozashchita Bez Oruzhiya”，意思就是“不带武器的防身术”——徒手防身术，它曾作为苏联的国技在其15个加盟共和国内广为发展和传播（图1－10）。有人认为它来自柔道，事实上，它虽然与柔道有许多地方非常像，但却吸收和发展了很多柔道没有的技术以及关节技，尤其是腿的关节技非常强。现代桑搏可以分为运动桑搏和格斗桑搏两大类。1939年苏联举行了第一届全国桑搏大赛，1973年在伊朗首都德黑兰举办了第一届世界桑搏锦标赛，1980年桑搏在莫斯科奥运会上曾向全世界展示。现在桑搏国际性比赛也很多，如世锦赛、世界杯赛、欧洲公开赛等。

图1－10　桑　搏

桑搏虽然作为俄国重要的传统武术组成体系之一，但是一直到苏联时期，其体系才正式形成，并在1938年正式成为苏联官方认可的全国性运动项目。桑搏的创立者并没有被广泛认同为一个人，一般意义上说哈兰皮耶夫·阿纳托利（Anatoly Kharlampiev）被认为是创立体育桑搏摔跤并将其引入体育竞赛的第一人。桑搏历史上另外两位伟大的人物是瓦西里奥谢普科夫和维克托斯皮里多诺夫（在“一战”受伤后将桑搏发展为一种类似于合气道的软武术，也就是现代格鲁乌、克格勃及柔化体系武术的前身）。桑搏现在正越来越多地综合其他外来的技术，向一门综合武术体系的方向发展。在国际综合搏击的擂台上，不乏桑搏高手，被誉为“60亿最强男”的“俄罗斯沙皇”菲多·艾米连科就是一名桑搏高手。

思考题

1. 什么是综合格斗？为什么说它是搏击的十项全能？
2. 综合格斗的特点是什么？它与其他搏击项目有什么不同？
3. 我国综合格斗的发展趋势如何，谈谈你的看法。

参考文献

[1] 张海．风靡世界的综合格斗运动［M］．太原：山西科学技术出版社，2018.
[2] 毛智和，黄恩华．国际综合格斗概论［M］．北京：北京大学出版社，2018.
[3] 李俊峰，崔华，岳庆利．徒手格斗类项目分类及项目群时空特点［J］．北京体育大学学报，2017，40（12）：139－144.
[4] 王汉，李俊峰．我国开展综合格斗的必要性探讨［J］．中华武术研究，2012，1（7）：93－96.

第二章　综合格斗技术

本章教学提示

1. 综合格斗中，站立搏击由于移动空间相对较大，格斗技法以打技和摔技为主。打法主要有拳法、掌指法、肘法、腿法和膝法；摔技主要有抱绊腿类、过躯干类以及舍身类等。

2. 综合格斗的摔法不同于摔跤等其他单纯缠斗类项目的摔技，在运用时不仅要注意在打斗中对时机的把握，更要注意倒地后的衔接，尤其摔倒后是否有利于优势位置的占有和控制。

3. “降服必先抢位”，地面缠斗更是一场位置之战。综合格斗有6个基本位置。降服技主要有关节技和绞技。

所有的搏击几乎都是从站立开始的。根据技术的表现特点可以将站立技术分为打击技术和缠斗技术。打击技术又可分为拳法、掌指法、肘法、腿法以及膝法。由于掌指技术运用条件有一定限制且容易受伤，因此运用相对较少，本章主要介绍常用的拳法、肘法、腿法以及膝法技术。

站立缠斗技术主要有摔法技术和擒拿技术。就摔法而言，根据把位表现特点可以将摔法分为抱绊腿类、过躯干类以及舍身类摔法，本教材主要对综合格斗比赛中的常用摔法进行介绍。由于站立时对抗双方空间移动范围大，相对位置变化快，因此，站立的擒拿实施难度很大，实战运用也充分说明了这一点，在站立搏击中鲜有降服，因此，本书对站立擒拿不做介绍。

就综合格斗的地面技术而言，根据降服的部位可以把技术分为关节技和绞技，关节技是对关节进行擒拿的技法，绞技则是针对脖颈进行降服的技术。本教材主要对地面缠斗中常用的降服技进行介绍。

第一节　实战姿势与步法

一、实战姿势

不同的格斗项目有不同的预备姿势。综合格斗的实战姿势，通常也称预备姿势，或基本格斗势，它是进攻与防守技术练习中必要的起势和练习中通常保持的姿势。

合理有效的格斗势应当有利于自己的技术得到最大限度的发挥，它主要体现在“三个利于”：利于进攻、利于防守、利于移动。综合格斗属技能主导类格斗对抗性项群，对抗性是综合格斗的本质属性。对抗的特点决定了这种技术的运用必须建立在对手技术运用的基础上。这种对抗活动首先表现在运动员在运用一定的手段方法进攻对手时，根据对手的变化而采取相应的技术动作，以对手动作的转移为转移。另外，这种对抗是动态的，时机是稍纵即逝的，因此双方技术的对抗性就决定了技术运用也是随机的，想要战胜对手，就要时刻以对手技击动作随机转移。综合格斗的这些特点就决定了我们的实战姿势应便于身体的快速变换和移动，有利于迅速发动攻击，有利于灵活地变换和运用各种进攻方法。

（一）实战姿势

综合格斗的实战姿势分为左手在前的“正架”和右手在前的“反架”两种，一般选择有力的手臂在后的姿势。运动员可以根据自己的习惯和爱好，选择适合自己的实战架势作为最初学习的定式，本书均以左手在前的“正架”为例。（图 2－1）

图2－1　实战姿势

1. 握拳法

握拳时五根手指并拢内屈，大拇指扣在食指和中指的上面，手腕稍内扣。为了防止手臂肌肉产生疲劳，握拳时避免太用劲，做到放松、自然。在做空击时拳头可以是半握拳，但是在实战中或击打手靶和沙包时，拳在快接触目标的一刹那，必须握紧拳头，手腕关节紧张，以防止受伤。平时握拳不要太用力，只有在出拳快接近目标的一刹那才需握紧拳头。掌指关节形成一个平面，这个部位叫作指关节部位，也就是我们常说的“拳峰”。

2. 上半身

略低头，收下颌，前额朝向对手，双眼注视对手，上下齿合拢，舌贴上腭，脸部表情自然。一般有经验的选手看对手的眼睛即可以看出对手的进攻意图。上半身自然地落在腰部，不能把上身向左、右、前、后歪。上体应侧向对手，微前含胸，左肩略向前，两肩勿过分耸起，也不要下垂。身体向左或向右扭动时，以腰部和髋关节作转动轴。左臂在前，右臂在后。左拳也可以是掌（但五指要略弯曲，不能指向对手的眼睛），略高于肩，同对手的下巴平齐或略高，防护左面颊，左肘屈一般大于90°，左肘尖下垂以利于防护左肋；右拳置于肩前，防护右面颊，右肘屈一般小于90°，右肘尖下垂以利于防护右肋。上述的上半身姿势就是要求在做好保护上体的前提下，尽可能地把身体调整到有利进攻的位置。

3. 下半身

首先面对对手，相隔半步，双臂自然下垂站稳。面向对手，左脚向前迈出35～45厘米。也可以根据自己的身高和习惯来确定距离，一般使自己感到舒适为好。右脚与左脚呈45°角左右，为了使幅度变小一点，右脚跟稍向右侧开立，左右分开的距离为20～30厘米。后脚跟略微抬起，把自己的体重均匀地落到前后脚趾骨基节部位。前腿的膝关节微屈，同时，后腿也跟着前腿微屈膝。重心放置在两腿之间，重心投影均避免越出两脚以及两脚间的支撑面。现代格斗最讲究的是速度。两脚之间的距离大，影响速度的发挥，但稳定性好，适用于猛攻型、力量型及摔柔型选手；两脚间距离小，速度快，但稳定性差，更适用于灵活型、技巧型及打击型选手。

（二）动作要点

下颌微收，重心在两腿之间，沉肩坠肘，两手紧护身体，含胸拔背，两脚掌用力支撑重心。实战姿势是实战时的预备姿势，因此，要求移动灵活，防守严密，暴露给对手打击的有效部位面积应尽量缩小。

二、步　法

步法，是综合格斗的重要技术内容。拳谚云："步不快则拳慢，步不稳则拳乱；手到步不到，打人不为妙；拳到步也到，打人如拔草。"格斗中，不仅攻防技术的运用离不开灵活的步法，时间差的把握、距离的调整也要靠步法的移动来完成。可见，步法是实施攻防技术的载体和纽带，是实现技术效果的基础保障。

步法的快慢，移动距离的大小，直接影响着攻防的效果，格斗步法要做到快、变、稳、准。快是对步法移动速度的要求，指步法移动要迅速；变是指步法移动、变换要灵活敏捷，要随对手的变化而变化；稳是指步法移动的稳定性，步法移动要时刻注意保持重心的稳定性；稳定的重心不仅是攻击的有效保障，同时也是创造反击的便利条件；准是指步法移动的准确性，要进行有效的攻击，离不开恰当的距离，而恰当的距离是靠准确的步法移动来实现的。不仅如此，步法的快、变、稳、准不是各自孤立的，而是相互联系、相辅相成的，要达到即时即能、能快能变、能稳能准的要求，就要在练习和实战中不断体会和提高步法的妙用。

综合格斗的常用步法有滑步、跳跃步、侧（跨）步、环绕步、走步、换步等。本教材主要对常用步法进行介绍。

（一）滑　步

滑步是一种稳健的步法。其目的在于调整身体至最佳位置，逼近对手准备攻击，或引诱对手出击造成其防御上的空隙，趁机攻击。使用滑步时要预防对手突然发起猛攻，有了思想准备就可应付突然的变化。

1. 动作过程

（1）前滑步

从准备姿势开始，后脚脚掌用力蹬地推动身体向前移动，前脚紧贴地面向前移动 20～30 厘米，后脚轻擦地面迅速跟进相同距离，身体重心始终保持在两腿之间。保持移动时身体重心平稳，不要上下起伏。（图 2－2）

（2）后滑步

后滑步与前滑步相似，从准备姿势开始，前脚用力蹬地推动身体向后移动。移动时前脚蹬地，后脚紧贴地面向后移动 20～30 厘米，前脚迅速收回相同距离，身体重心始终保持在两腿之间。保持移动时身体重心平稳，不要上下起伏。（图 2－3）

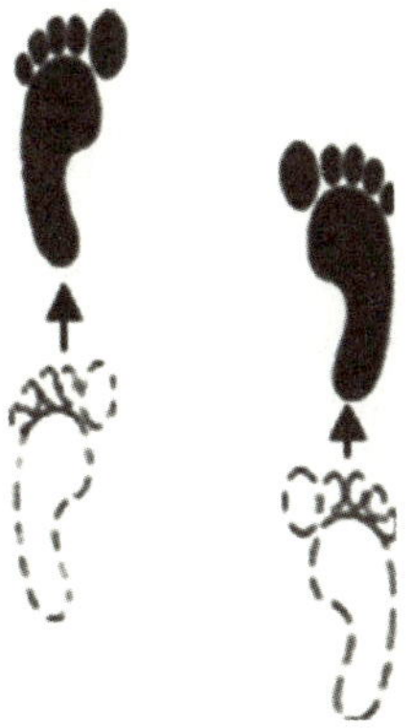

图2－2　前滑步

图2－3　后滑步

(3) 左滑步

右脚蹬地，左脚向左侧横滑20～30厘米，右脚随即跟进，保持原来姿势，身体重心始终保持在两腿之间。移动时身体重心要平稳，不要上下起伏。(图2－4)

(4) 右滑步

左脚蹬地，右脚向右侧横滑20～30厘米，左脚随即跟进，保持原来的姿势，身体重心始终保持在两腿之间。移动时身体重心要平稳，不要上下起伏。(图2－5)

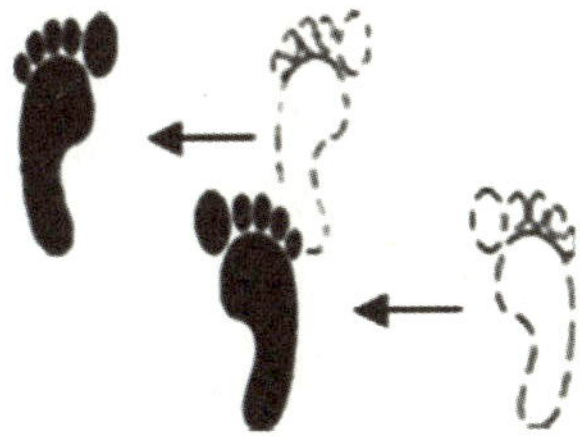

图2－4　左滑步

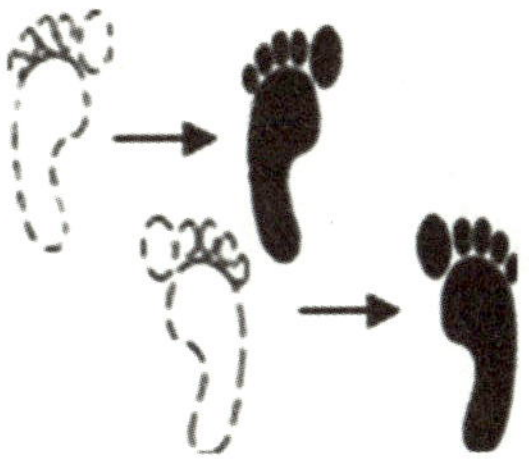

图2－5　右滑步

2. 动作要点

滑步时，身体重心要平稳，勿超出支撑面。向某一方向移动时，该方向的脚称为方向脚。方向脚移动后，另一只脚要迅速跟进。移动时脚掌轻贴地面，不可做跳跃步，两腿膝关节和大腿肌群要自然放松。

(二) 跳跃步

跳跃步是一种敏捷、快速、突然进攻的步法。当对手防守上暴露出破绽时，即抓住有利时机配合步法突然袭击。在练习跳跃步时，重要的是不要使用过多的力量，而是身体要放松，保持自己的节奏。为了更好地掌握节奏感，开始时可以做前后距离比较大的跳跃，等到熟练以后，再做范围较小的突然冲刺动作。

1. 动作过程

(1) 由跳跃步转滑步的前进

左脚向前轻跳，紧接着右脚向后轻跳，在右脚触地的同时，左脚利用反弹力向前滑出。以左脚、右脚的顺序沿地面向前滑动。(图 2 -6)

(2) 由跳跃步转滑步的后退

左脚向前轻跳，紧接着右脚向后轻跳，在右脚触地的同时，左脚利用反弹力向后滑出。以左脚、右脚的顺序沿地面向后滑动。(图 2 -7)

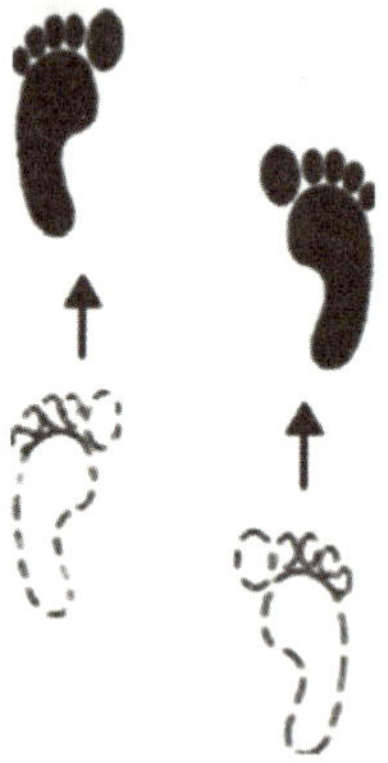

图 2 -6　由跳跃步转滑步的前进

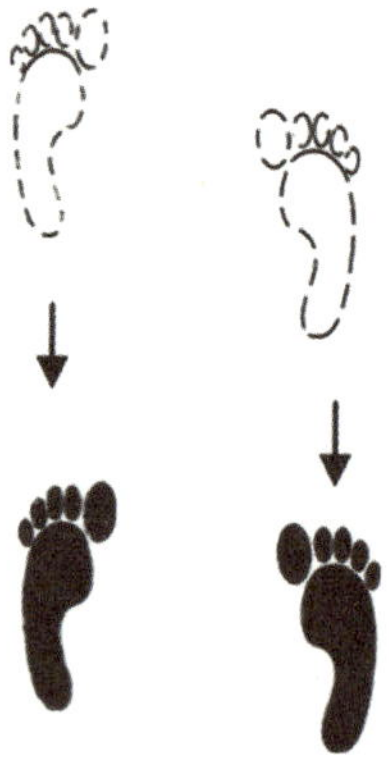

图 2 -7　由跳跃步转滑步的后退

(3) 由跳跃步转滑步向左移动

左脚向前轻跳，紧接着右脚向后轻跳，在右脚触地的同时，左脚利用反弹力向左滑出。以左脚、右脚的顺序沿地面向左滑动。(图 2 -8)

(4) 由跳跃步转滑步向右移动

右脚向后轻跳，紧接着左脚向前轻跳，在左脚触地的同时，右脚利用反弹力向右滑出。以右脚、左脚的顺序沿地面向右滑动。(图 2 -9)

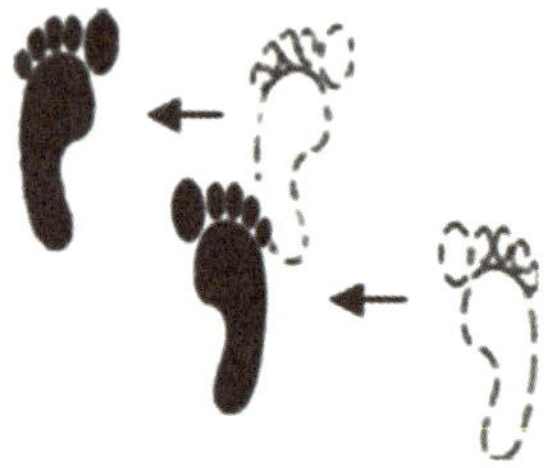

图 2 -8　由跳跃步转滑步向左移动

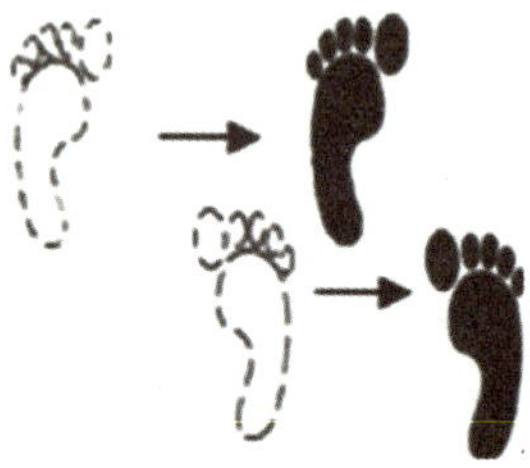

图 2 -9　由跳跃步转滑步向右移动

2. 动作要点

在双脚轻跳的过程中，要轻松离地。由跳跃步转滑步时，过渡要自然，动作要连贯、迅捷，重心平稳。跳动时要富有弹性。

（三）侧　步

侧步是向对手出拳方向的外侧上一步或向左、右侧转一步，避开对手的攻击，为自己创造有利于攻击位置的一种步法。侧步有左侧步和右侧步两种，左侧步是向对手左拳方向侧步，右侧步是向对手右拳方向侧步。

1. 动作过程

（1）左侧步

多用于避开对手猛力前冲并有利于反击。左侧步时，右脚用力蹬地，左脚向左前方上步或后撤向右后侧转动，右脚随之跟上向右后侧转动，身体可后仰，以避开对手的正面攻势；或左脚顺势向左前方跨一小步；或在跨步的同时左脚尖向右拧转，右脚随之跟上，落地后人站在对手右拳外侧。（图 2－10）

图 2－10　左侧步

（2）右侧步

右侧步与左侧步动作基本相同，方向相反，选手站在对手左拳外侧。（图 2－11）

图 2－11　右侧步

2. 动作要点

侧步时，身体重心要平稳，勿超出支撑面。方向脚移动后，另一只脚要迅速跟进。移动时脚掌轻贴地面，不可做跳跃步，两腿膝关节和大腿肌群要自然放松。

（四）环绕步

环绕步是以对手为中心，围绕对手移动的一种步法。环绕步有顺时针方向和逆时针方向两种。运用环绕步的目的是，转移进攻方向，寻找进攻机会；或调整呼吸以及短暂的休息。因此，在练习和比赛中，不能消极防守，而要在防御中积极寻找战机，这样才能克敌制胜。

由于环绕步移动幅度相对较大，且是弧线运动，相对迟缓，因此，环绕步时应在正确预判的基础上，有针对性地实施。

1. 动作过程

（1）顺时针环行（向右环行或转体）

当对手拳腿攻击时，或引诱对手拳腿出击后，迅速围绕对手向右绕行，左脚向左前方上一小步，以脚掌为轴向右侧画小圆弧移动，同时右脚在地面以画较大圆弧的形式向后移动，身体随之向右转动，也可结合跳滑步进行；或者围绕左脚身体迅速向右转体。（图2－12）

（2）逆时针环行（向左环行或转体）

逆时针环行与左环绕步动作基本相同，只是方向相反。围绕对手向左侧绕行，或者围绕左脚身体向左后转体，首先右脚以右脚掌为轴向对手左侧画小圆弧移动，随后或同时左脚在地面以画较大圆弧的形式向左环形移动。（图2－13）

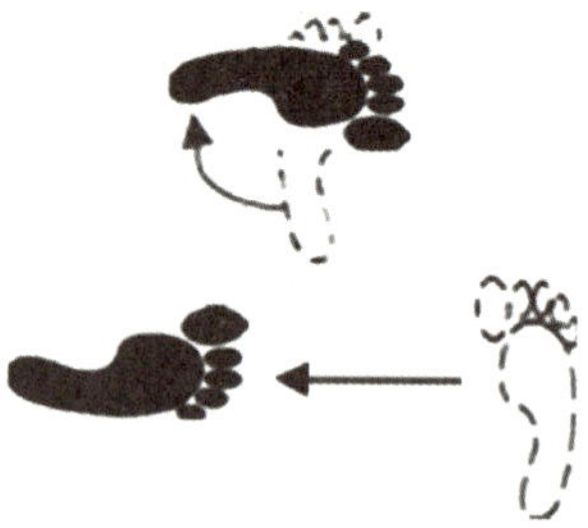

图2－12　顺时针环行（向右环行或转体）

图2－13　逆时针环行（向左环行或转体）

2. 动作要点

绕行角度要适宜，重心尽可能地平稳，双脚动作要协调。

（五）走　步

1. 动作过程

（1）上步（跪步）

基本格斗势站立，保持重心平稳，后脚迅速经过前脚上前一步，同时两臂前后交换或成反架；或上步后跪地。用于摔法时，避开对手攻势的同时，重心要适当降低，并采取迅速抱腿等技法，快速抢占有利把位。跪步多用于摔法进攻时。（图2－14）

(2) 撤步 (收步)

撤步与上步动作基本相同，方向相反，前脚略后移不超过后脚，又称收步。收步常用于避开对手鞭腿的攻击并配合纵步迅速反击。用于防抱腿时，在避开对手攻势的同时，重心要适当降低，并迅速进行肘膝打击及反抱腿等反击。(图 2－15)

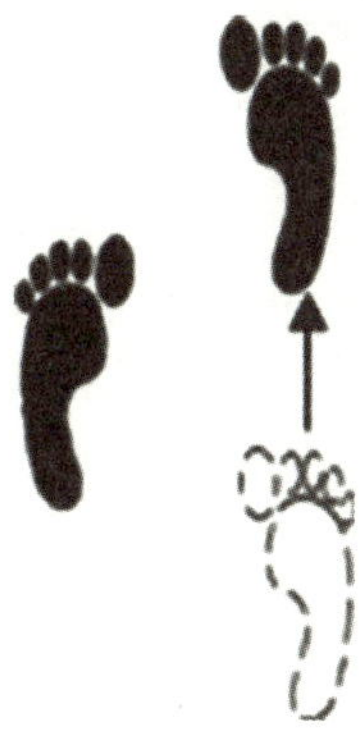

图 2－14　上步（跪步）

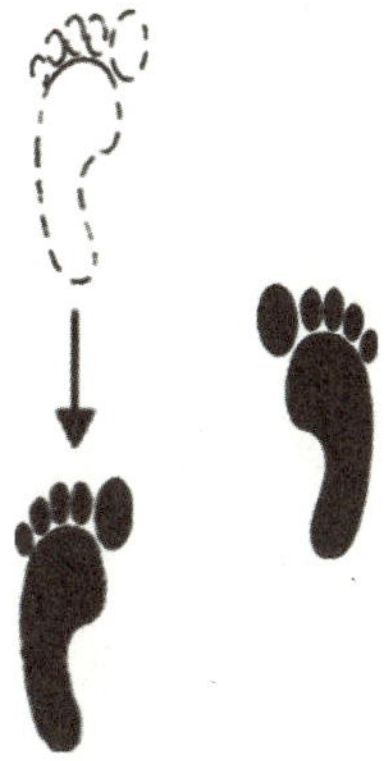

图 2－15　撤步（收步）

2. 动作要点

步法距离要适宜，及时进行重心的变换并尽可能地保持平稳，双脚与身体配合要协调。

（六）纵　步

1. 动作过程

基本格斗势站立，保持重心平稳，后脚迅速向前脚靠拢，前脚提起的同时后脚迅速蹬地向前移动。(图 2－16)

图 2－16　纵　步

2. 动作要点

步法距离要适宜，及时进行重心的变换并尽可能地保持平稳，双脚与身体配合要协调。

第二节　拳　法

拳法是打法的重要组成部分。拳法动作简捷实用，具有速度快、攻防转换快、路线变化多端、易于连接、有一定杀伤力的特点。在 MMA 比赛中，选手几乎可以使用任何一种手段来打击对手，其中拳法打击是最常见的方式。无论你是拳击手出身，抑或摔跤手出身，拳击技术都是必须熟练掌握的最基本的打击技能，具有拳击功底的运动员在综合搏击赛场上独具特色。而且，在站立打斗过程中，选手选择出拳攻击的概率大大高于出腿攻击，在节省体力方面也明显占有优势。因此，拳法是MMA选手的必修课，技术的硬通货，拥有过硬拳法的选手也更容易掌控赛场节奏，并为最后取得胜利奠定了良好的基础。

拳法动作结构相对简单，重心移动不大，因此，速度快是其首要的特点，在实战搏击中，结合步法多角度快速攻击，无论是突然抢攻还是快速反击，拳法都是重要的选择运用手段。就攻防转换而言，无论是从进攻转为防守，还是从防守转为进攻，由于其简捷的动作特点，很容易进行动作的转换。另外，拳法攻击的路线简捷多变，攻击的方位全面，几乎可以从任何角度攻击对手头部、腹部，尤其是对头部的攻击，特别是在中、近距离更显示其威力。不仅如此，拳法简捷的技术结构使其与其他技术更容易连接，无论拳法与拳法的连接，还是拳法与腿法的连接，都容易组合攻击及反击，同时可以为其他技术的实施创造有利条件。拳法有一定的杀伤力，一些运动员的重拳，往往给对手以很大的威慑，特别是对头部的攻击更能显示打法的威力，在综合格斗比赛中，被拳法KO（击倒）或TKO（技术性击倒）的运动员屡见不鲜。

在综合格斗比赛中，应用最普遍的拳法包括刺拳、直拳、勾拳、摆拳、抛拳等，这些拳法的基本雏形源自传统的拳击、泰拳等格斗运动。不同的选手根据自身的素质差异，在具体运用中会存在些许形式上的变异和各自的风格，但技术本质是大同小异的。每种拳法的作用是各不相同的，比赛中很少看到选手能用刺拳KO对手，大多瞬间击晕对手的攻击都来自动作幅度较大、爆发力十足的后手直拳、勾拳或者摆拳。此外，在MMA赛事中也会看到一些在拳击比赛里绝对见不到的“另类”拳法，如捶击拳、转身鞭拳、“超人拳”等。

一名优秀的MMA选手，应在熟练掌握各种拳法的基础上灵活地加以运用。实战中，快速多变的拳法，配合敏捷的脚步，往往令对手防不胜防，不仅可以有力地打击对手，还可以有效地分散对手的注意力，干扰对手的视线，为腿法运用、发动下潜抱摔等技术创造绝佳机会。

一、进攻技术

（一）直　拳

直拳又称冲拳、直击拳，属于中远距离拳法，它是指从出拳到被击目标，拳头是做直线运动的一种打击方法。主要是从正面进攻对手的有效拳法。相对其他拳法，直拳结构简单，是拳法中最基本的动作，几乎是综合格斗运用频率最高的技术。左直拳技术中，有左直拳和右直拳两种（习惯上也称前手拳、后手拳）。左、右直拳均可用来打击对手头部与上体。

从一定意义上来说，左直拳是所有拳法的基础，能正确运用左直拳是一个有良好技术素养拳手的特征。在直拳是距离击打目标最近、最有利于进攻和防守的拳法，如果能配合精确的距离感和灵活多变的步法，快速的闪躲和迅猛的其他拳法的出击，则能使对手感到手足无措、进退维谷、难以应付，使自己首先处于一个有利的作战地位。轻快的左直拳又称刺拳，可以说，刺拳是动作最为简单的格斗技术，它虽然不是最具威力的拳法，很难起到一锤定音的作用，但却是最重要的、使用最频繁的拳法。在实战中，无论是进攻、防御，还是快速反击，刺拳都是一种具有战术作用与高度实用价值的拳法。虽然其发力不够充分，杀伤力也有限，但由于刺拳通常是用前面的手臂快速打出，出拳时身体转动的角度很小，运动路线短，容易接触目标，充分运用了“两点间直线距离最短”这一原理，因此，这种极强的突发性攻击，几乎没有留给对手太多做出反应的时间，极难防范，往往是对手还没来得及反应就已经被击中。如果借助身体的惯性力量以及合理的战术运用，尤其是在迎击中，刺拳如运用得当，其杀伤力更是不容小觑，甚至对手还没来得及反应就已经被击中面部。同时，刺拳往往是一连串攻击的开端，是组合战术的重要选择手段，是为其他技术创造条件的开路先锋。有经验的格斗者，常用准确、连续不断的刺拳来袭扰对手，使其暴露更多的破绽，伺机发动有效的攻击。在实施防守或者体力下降时，连续的刺拳又可以起到干扰对手进攻、破坏对手平衡、扰乱对手视线和调整战术的作用。相比于刺拳，左直拳不如其轻快，身体转动角度相对增大，因而其杀伤力相对增加；与刺拳一样，左直拳在与对手的距离较近时出拳，因此它的打击具有突然性。在实战搏击中，左直拳配合刺拳进可攻、退可守，很容易掌握比赛的主动权。进攻时，可控制比赛的节奏，并与其他技术配合，向对手发动“潮涨式”的攻势；防守或体力下降时，可以制止并破坏对手的攻势。由此可见，刺拳和左直拳技术的精益求精，对一位综合格斗选手来说是何等重要。

右直拳是一种打击力量大、对对手威胁大的拳法。这种拳法的主要特点是：出拳时上体与腰、髋要配合大幅度的转动，拳头的运动路线较长，身体姿势决定了右直拳打击的距离较远，打击时身体转动角度较大，这样身体转动所花的时间就相对要多一些，因此动作难度与技术要求相对于刺拳要高，而且没有左直拳那样的突然性，隐蔽性也相对要差，易被对手发觉，易露空当。如果击不中打击目标，就可能因用力过猛、动作幅度大而导致身体重心不稳、失去平衡，容易陷入被动局面。故而，右直拳在实战中的运用一般是比较慎重的，只有在与其他技术进行良好的配合，在有充分把握的前提下击出，才可以充分发挥出其应有的巨大杀伤威力。一般都是作为刺拳的后续击打动作，不会草率出击，往往是先用刺拳袭扰、分散对手的注意力，令其暴露空当，或者在撕开对手的严密防线、创造出良好的进攻时机时，再迅速果断地运用后手拳攻击。虽然右直拳不够突然，但其打击时更多地要把体重“摔”出去，参与打击的质量大，出击力矩更大，如果加上身体重心的移动与身体大肌肉群的伸缩，其杀伤力和威胁性也更强。

1. 动作过程

(1) 左直拳

以右架为例。从实战姿势开始，左脚蹬地，推动髋关节略向右旋转，从而带动身体沿纵轴向右侧旋转，左手肘关节由屈到伸，推动左拳向前沿直线击出，在拳快接近目标时，拳内旋至掌心向下，手腕稍下压，力达拳峰；之后迅速恢复实战姿势。出拳的同时，利用身体的转动增加出拳的力量，拳打出去的高度略比肩高或与肩同高。

左直拳是用左手进攻的一种拳法，左手直拳具有距离对手近、进攻快速、能攻能守的特点。左手直拳由于在身体的前面，在有效快速进攻的同时还可以结合假动作引诱对手暴露出防守的空当和起到阻挠对手进攻的效果，所以在比赛中左手直拳是应用最多的一种拳法。(图 2－17)

(2) 右直拳

以右架为例。从实战姿势开始，右脚掌用力蹬地，推动髋关节略向左旋转，从而带动身体沿纵轴向左侧旋转，右膝关节内合，身体向左拧转的同时，推动右肩向内转，右手肘关节由屈到伸，推动右拳向前沿直线击出，左肩稍低一点，在拳快接近目标时，拳内旋至掌心向下，手腕稍下压，力达拳峰。右直拳的发力，主要靠蹬地、身体拧转、身体向前运动的速度以及送肩动作。打右直拳时应注意这几方面的密切协调配合，使全身的力量都集中在拳面上；之后迅速恢复实战姿势。(图 2－18)

右直拳的出拳距离远，击打力量大，属于重拳，但不可滥用。一般认为，右直拳在没有充分把握的情况下击打，不仅会消耗自己的体力，而且会暴露出明显的空当，给对手以还击的机会。

图 2－17　左直拳

图 2－18　右直拳

2. 动作要点

躯干尽量靠近身体纵轴中线旋转，以缩小旋转半径。身体尽量保持平稳，重心不要过分向前或向右移动。肘关节不要上抬，上臂、前臂由屈到伸。打击的瞬间手腕略向内扣压，运用出拳的速度、力量以及肩部突然短促延伸，将力量集中在拳面上击打出去，直线打击目标。一只手攻击，另一只手置于面颊处，做好防护。攻击拳沿原路线返回，手臂不要回拉，身体重心快速平稳过渡至实战姿势。总之，出拳时，要通过腿的蹬力，髋、腰的拧转，加上身体的冲力，借助手腕的抖力，将这些出拳力量合力集中于拳峰。拳面接触到目标后，犹如触电似的迅速将拳收回。

（二）摆拳

摆拳又称侧勾拳，主要从侧面对头部进行攻击。摆拳的特点是充分利用肩部和上体的旋转力。摆拳的动作不如直拳、勾拳和刺拳的速度快，但摆拳如使用得当，其威力不亚于直拳。由于摆拳的行走路线比较长，幅度大，离心力大，如打得准，则有很大的破坏力；如打不准，则疲劳度大，且容易被对手发觉，易受对手反击。为提高摆拳的打击效果，肩部、臂部要放松，充分地利用旋转打击拳，拳击到目标的一刹那，以身体为转动纵轴，把扭腰、送肩的合力汇聚在拳面上，手腕像往下弯曲似的打击，拳的打点正击目标，这样才能发挥出摆拳的威力。由于摆拳是运行弧形轨迹由侧面击打对手的远距离拳法，动作不容易隐蔽，所以击打摆拳时很重要的一点是摆动尽可能小。

1. 动作过程

（1）左摆拳

以右架为例。从实战姿势开始，左脚向右蹬地拧转，推动髋关节向右旋转，从而带动身体沿纵轴向右侧旋转，重心略右移，肩关节随之右转。在肩关节向右拧转的同时，肘关节上抬，前臂向下向内旋转并外展，上臂和前臂约成120°角，拳心向下，拳眼向后，拳峰对准击打处；打击的瞬间，肩关节略高于肘关节，肘关节略高于腕关节，手腕略内扣，力达拳峰；右手置于右面颊处做好防守。摆击结束后立即收回，收拳轨迹与击出轨迹相同，收拳要快，迅速成实战准备姿势，以便随时进攻与防守。打击的主要部位是对手面部的右侧。（图2－19）

（2）右摆拳

其动作方法与左摆拳相同，方向相反。（图2－20）

图2－19　左摆拳

图2－20　右摆拳

2. 动作要点

以左摆拳为例，蹬地的同时脚尖向右拧转，躯干尽量靠近身体纵轴中线旋转，以缩小旋转半径，整个身体尽量保持平稳，重心不要过分向右向后移动，肘关节上抬，但不要后拉。打击的瞬间，肘关节略高于腕关节，以利于打击冲量的传递，同时右手置于右面颊处，不要掉手。打击后，攻击拳及身体重心沿原路线返回，手臂不要回拉，身体重心平稳过渡至实战姿势。

（三）勾　拳

勾拳是一种中、近距离的击打拳法，击出后力量大、旋转半径小、时间短，能从各个不同的角度攻击对手，在基本拳法中占有重要的地位。勾拳在比赛中主要用于打反击，有时也用来直接攻击对手，或与其他拳法组合运用。在近距离的搏斗中，左勾拳是击下颏或上体时经常被采用、具有相当大威力的攻击方法。比赛时右勾拳一般不用于直接的攻击，而是在战术性技术组合中同其他拳法组合运用，如用左拳的各种攻击或假动作吸引对手注意力，破坏对手防守平衡，此招是虚的，打击时不需用多大力，随即用右勾拳猛击对手腹部或头部，此招是实的，一定要稳、准、狠、快，重创对手。

与摆拳一样，出拳前，手臂需放松，身体重心略降低，之后借转脚、蹬地、拧腰的力量，依次将身体动量传至拳面，打击的瞬间手腕稍内扣，手臂与躯干呈钩子状，整个身体协调用力，力达拳峰，之后迅速恢复实战姿势。

1. 动作过程

（1）左上勾拳

以右架为例。从实战姿势开始，身体稍向左侧转，重心略降低，之后左脚向右、向上蹬地拧转，推动身体向上、向右拧转，肩关节随之向上、向右拧转。在肩关节向右拧转的同时，左拳随之向前、向上，前臂外旋直冲对手肋部、腹部或面部，此时前臂与上臂类似钩状，手腕稍向内扣，力达拳峰，右手置于右面颊处做好防守。击打后按原路线收回。收拳轨迹与击出轨迹相同，收拳要快，迅速成实战准备姿势，以便随时进攻与防守。（图2－21）

（2）右上勾拳

其动作方法与左上勾拳相同，方向相反。（图2－22）

2. 动作要点

以左勾拳为例，勾拳发力要迅速急促，尽量缩短运动路线，出拳不要有多余动作，保持出拳前后的身体平衡，进攻的同时用另一只手去阻挠或预防对手的反击，做到攻防兼顾。蹬地的同时脚尖向右拧转，躯干尽量靠近身体纵轴旋转，以缩小旋转半径，整个身体尽量保持平稳，重心不要过分向右、向上移动。打击的瞬间，前臂与上臂类似钩状，手腕稍内扣，力达拳峰，右手置于右面颊处，不要掉手。打击后攻击拳及身体重心沿原路线返回，身体重心平稳过渡至实战姿势。

图2-21 左上勾拳

图2-22 右上勾拳

（四）鞭 拳

鞭拳（转身鞭拳）也是搏击擂台经常出现的高效实用的一种拳法，具有动作大、力量足、快速、威猛等特点，许多综合格斗选手都很重视这种技术。由于鞭拳打击时借助身体转体的惯性，因而其打击力度较大，但同时其动作幅度也大，运动路线长，不易隐蔽。如果运用得当，往往可以出奇制胜，有较高的击中率和巨大的杀伤力。

1. 动作过程

以转身右鞭拳为例。从实战姿势开始，身体向右后转180°，右脚经左腿后插步，同时左拳与右拳一起回收至胸前，上体继续右转180°，同时右拳反臂向右侧横打，拳眼朝上，力达拳背，之后迅速恢复实战姿势，还原动作（图2-23）。转身左鞭拳需右脚上步，呈反架姿势，动作过程与右鞭拳一致，方向相反。

图2-23 鞭 拳

2. 动作要点

以头领先，转体要快，不能停顿，支撑要稳。鞭拳时，以腰带臂，力达拳背或前臂。

（五）抛 拳

抛拳是一种介于直拳与摆拳之间的拳法。随着现代搏击运动的发展，运动员为了快速击打，常采用抛拳技术。

1. 动作过程

（1）左抛拳

从基本预备姿势开始，左脚蹬地，身体向右旋转，左臂稍向前伸，左拳由稍侧上方向侧下方击打。出拳时，拳走的路线是一个很小的抛物线，可以在中、近距离内击打对手；右拳微上举，保护下颏；抛击结束后立即收回，还原成基本姿势。左抛拳的发力主要借助于腰部突然转动把左前臂抛振出去，动作快而幅度小，抛出的拳往往能绕过对手手臂阻挡的路线而击中有效部位。（图 2－24）

（2）右抛拳

其动作方法与左抛拳相同，方向相反。（图 2－25）

图 2－24　左抛拳

图 2－25　右抛拳

2. 动作要点

抛拳要尽量缩短其运动路线，肘主动上抬以积极改变攻击方向。出拳要保持身体平衡，进攻的同时用另一只手去阻挠或预防对手的反击，做到攻防兼顾。

二、防守技术

（一）拍　击

1. 动作过程

当对手用左直拳进攻时，选手以右拳掌向左拍击来拳使其改变方向，拍击动作幅度要小，仍保持拳击攻防姿势。当对手用右直拳进攻时，选手以左拳掌向右拍击来拳，左拳掌拍击动作幅度不宜过大。（图 2－26）

2. 动作要点

拍击的动作幅度要合适，不可过大或过小，之后要迅速恢复实战姿势。

（二）阻 挡

1. 动作过程

（1）阻挡直拳

当对手用直拳击选手头部时，可通过微微转动身体来化解，同时张开手掌在下颊前5～10厘米处阻挡对手的来拳，或提起肩膀阻挡来拳，或头和上体迅速侧转做闪躲动作的同时用前臂阻挡对手的攻击拳。对手用直拳击打选手腹部时，身体稍向对手攻击拳外侧转动，同时屈臂，用肘臂阻挡攻击。（图2－27）

图2－26 拍 击

图2－27 阻挡直拳

（2）阻挡摆拳

当对手用左（右）摆拳击选手头部时，选手上体稍向左（右）转，同时用手臂阻挡来拳；或选手提起右（左）肩，用右（左）肩峰处的三角肌部位做防护动作，同时配合拳套的阻挡化解对手来拳，保护好头部不受打击。（图2－28、图2－29）

图2－28 手臂阻挡摆拳

图2－29 肩部阻挡摆拳

2. 动作要点

阻挡动作幅度要适宜，在接触的瞬间肌肉要有一定的紧张度，所谓“粘身硬似铁”，同时根据来拳的方向旋转化解，之后要迅速恢复实战姿势。

（三）摇　闪

1. 动作过程

当对手用左摆拳进攻时，选手屈膝降低身体重心向对手左外侧闪躲；对手用右摆拳进攻，选手屈膝降低身体重心向对手右外侧闪躲。（图 2－30）

图2－30　摇　闪

2. 动作要点

动作幅度要小，时机把握及时，不可过早或过晚，之后要迅速恢复实战姿势。

（四）掩　肘

1. 动作过程

对手用上勾拳击打下颏时，选手身体沿与打击路线一致的方向微微转动的同时，以手臂外侧格挡来拳；当对手用勾拳击打腹部时，选手身体沿与打击路线一致的方向微微转动，同时以手臂外侧格挡来拳。（图 2－31）

2. 动作要点

掩肘是利用杠杆原理，用拳或前臂挡住或格开对手打来的拳，从而取得有利的位置去反击对手。使用格挡法需要有准确的判断和敏捷的动作，在对手的拳击中身体之前，把它格开，使其改变方向。格挡法使用得当，可给选手创造有利的攻击位置和机会。格挡法学习要比阻挡法稍难，用格挡法对付勾拳效果较好，之后要迅速恢复实战姿势。

图2－31 掩 肘

（五）躲 闪

1. 动作过程

（1）躲闪直拳

当对手用直拳进攻时，选手身体向来拳外侧略拧转躲过来拳；或后撤半步或上体稍后仰躲过来拳；或两腿半屈膝，降低重心躲过来拳，之后要迅速恢复实战姿势。（图2－32）

图2－32 躲闪直拳

(2) 躲闪摆拳

当对手用摆拳进攻时，选手屈膝降低身体重心，向下闪躲；或后撤半步或上体稍后仰躲过来拳，之后要迅速恢复实战姿势。(图 2-33)

2. 动作要点

躲闪幅度要适宜，不可过大或过小；躲闪时机要恰当，不可过早或过晚，之后要迅速恢复实战姿势。

图 2-33　躲闪摆拳

第三节　肘　法

肘击法，即是利用屈肘时向外凸起的肘骨和接近肘骨部来进攻或防守的方法。从力学的角度来看，肘比手距肩近，力臂短，其特点可以概括为“短、快、硬”。根据力学的力矩概念分析，肘较手更能充分利用臂肩的肌肉力量，因而其攻击力量较大，拳谚云，“宁挨十拳，不挨一肘”“肘打四方人难防”，说明了肘法的巨大威力。在实战中，肘法不仅具有极大的威胁和杀伤力，而且具有很高的防卫功效，如封堵对方的拳法攻击、阻挡对方腿法等。在实战运用中，肘击法形式多样，可单独使用，也可以结合拳法等技术运用，变化无常，难以防范。肘法攻击的主要部位是头部，如眉角、前额、面颊、鼻骨等；其他如肋部、腹部等也常常是地面缠斗中运动员的攻击目标。肘法分为盘肘、挑肘、顶肘、砸肘等。

一、进攻技术

(一) 盘　肘

1. 动作过程

以实战姿势站立。左盘肘时，左脚向前迈一小步的同时猛力蹬地，脚尖稍内扣，借转脚蹬地的力量推动身体旋转，肩关节随之右转，重心前压，借助身体旋转的惯性带动肘关节向前抬起，略高于太阳穴，手心向下，使肘斜向前下砍出，如刀往下砍，肘尖过前正中线后，迅速沿原路线收回，右拳贴于太阳穴保护头部，之后迅速恢复实战姿势。(图 2-34)

右盘肘和左盘肘摆臂和出脚方向相反，动作过程基本相同。

2. 动作要点

盘肘动作要突然，肘斜向前下砍出，用肘尖部位向下切出，之后迅速恢复格斗势。

（二）挑　肘

1. 动作过程

以实战姿势站立。左挑肘时，左脚向前迈一小步的同时猛力蹬地，借蹬地的力量以及向前的惯性，肩部尽量前送，上臂和前臂夹紧，肘关节向前向上方挑击，力达肘尖。肘击部位在前正中线左右，右拳置于右面颊和太阳穴处以保护头部，之后迅速恢复实战姿势。右挑肘与左挑肘摆臂和出脚方向相反，动作过程基本一致。（图2－35）

图2－34　盘　肘

图2－35　挑　肘

2. 动作要点

挑肘动作要突然，肘斜向前上方刺出，用肘尖部位向上切击，之后迅速恢复格斗势。

（三）顶　肘

1. 动作过程

以基本格斗势站立。左臂顶肘时，左脚向前迈一小步，左手臂内旋，肘尖向前抬起，手心向外，后脚蹬地，使肘尖向前刺出，之后迅速沿原路线收回，并恢复准备姿势。右顶肘与左顶肘动作相同，方向相反。（图2－36）

图2－36　顶　肘

2. 动作要点

顶肘发力要短促，并注意对头部的防护，力达肘尖。

（四）砸　肘

1. 动作过程

以基本格斗势站立。左臂砸肘时，身体重心下沉，左肘尖向下，借助身体向下的重力砸击对手，之后迅速沿原路线收回，并恢复准备姿势。右砸肘与左砸肘动作相同，方向相反。(图2－37)

图2－37　砸　肘

2. 动作要点

以肘部最锋利、最尖锐的鹰嘴骨去迅速狠击对手的薄弱部位，打击的距离一定要合适，而且动作要突然、凶狠，要借用身体的动作（重量）去重创对手。砸肘发力要短促，力达肘尖，并注意对头部的防护。

二、防守技术

（一）阻　挡

1. 动作过程

当对手左（右）肘击选手头部时，在对手左（右）盘肘弧形打击路线上，上臂和前臂折叠，肘部上挑阻格来肘，阻挡部位约在对手上臂外侧的中部。格挡臂要保持一定的紧张度，并配合身体的旋转化解对手肘部的攻击。(图2－38)

图2－38　阻　挡

2. 动作要点

屈臂上挑防守动作幅度要合适，在接触的瞬间肌肉要有一定的紧张度，并配合身体的旋转共同化解对手的攻击，之后要迅速恢复实战姿势。

（二）躲　闪

肘法多在近距离使用，躲闪运用技术相对较少。

第四节　腿　法

腿法技术在整个站立打击技术中占有重要地位，是综合格斗技术的重要组成部分之一。“手是两扇门，全凭腿打人”，这句俗语言简意赅地表达了腿法超强的进攻性。俗话说，“欲上搏击场，腿脚必称王”，充分说明了腿法在搏击中的重要性。在实战搏击中，由于腿法动作隐蔽，攻击范围大，战术形式灵活多变，因此，在比赛中运用率较高，腿法出众的选手在中、远距离就很容易占据先机。因此，作为格斗中最具进攻能力和特点的技术之一，腿法当仁不让地成为实战对抗中制胜的重要攻击技术。

拳谚云：“一寸长，一寸强。”腿的长度约为身体的1/2，其攻击距离更长，显然，远距离发动攻击，腿法就有明显的优势。不仅如此，相对于拳法，腿法的打击能力更强，尤其是转身腿法，其超强的杀伤力往往可以起到“一举定乾坤”的效果。

综合格斗比赛中常见的腿法有鞭腿、蹬腿、弹腿、劈腿、摆腿、踹腿、勾腿等，实战中更是变化多端。腿法的丰富性和技巧性也大大提高了比赛的精彩性和观赏性。其中，鞭腿是曲线腿法的代表，也是比赛中运用率最高的腿法，而蹬腿则是直线腿法的代表。其他腿法由于动作相对较为复杂，运行轨迹较长，不仅不易与其他动作连接运用，且运用时需要较高的协调能力和战术水平，从而导致运用形式单一，运用率较低，但如运用得当，往往可以起到出奇制胜的效果。

一、进攻技术

（一）鞭　腿

鞭腿属于弧线形腿法，它主要从侧面攻击对手的上、中、下三盘。鞭腿动作简捷，便于连击，常与拳法等其他技术组合运用，具有出腿快、攻击面大、杀伤力强、灵活性好等优点，既易在主动进攻时先发制人，又能在防守时后发制人，战术表现形式灵活多变，令对手防不胜防，因而在比赛中有广泛的运用，也是综合格斗运动员实战搏击中的重要制胜武器之一。前鞭腿还具有启动迅速、出其不意的优点，可在远距离直接攻击对手，起到先锋和诱敌的作用；后鞭腿力度大，隐蔽性好，结合步法、拳法等技术更是变化多端，可攻击对手头部、胸腹部、肋部和下肢等，令对手防不胜防。总之，由于鞭腿动作简捷，更容易与其他技术组合运用，因而，在综合格斗比赛中是运用频率最高的腿法。

鞭腿出腿攻击主要借蹬地的力量推动身体旋转，依次将身体动量传至小腿，像鞭子一样抽击目标，力达脚背及小腿胫骨，之后迅速恢复实战姿势。

1. 动作过程

以右鞭腿为例。从实战姿势开始，右脚蹬地，借蹬地的反作用力，推动重心移到左脚，右腿大小腿折叠，屈膝向前提起，右膝沿直线向前、向上运动，左腿膝关节稍屈。动作不停，左支撑脚以脚掌为轴继续向外拧转，借助身体转动的惯性，右髋关节外展的同时，小腿上抬，大小腿折叠，脚背绷直，上体稍向后倾；之后，右腿由屈到伸鞭甩小腿，横向打击目标，力达脚背及小腿胫骨下端，之后沿原路线迅速收脚还原。左鞭腿和右鞭腿动作相同，方向相反。（图2－39）

图2－39　鞭　腿

2. 动作要点

右膝尽量沿直线向前、向上运动，右髋关节充分外展，整个身体尽量保持平稳，重心不要过分向左、向后移动，横向鞭击目标，力达脚背及小腿胫骨下端。左手置于左面颊处做好防守，不要掉手。打击后攻击腿及身体重心沿原路线返回，身体重心平稳过渡至实战姿势。

（二）蹬 腿

蹬腿是典型的直线形腿法。前蹬腿具有速度快、动作简捷等优点，虽然杀伤力不够，但运用得当，进攻或反击不仅有一定的技术价值，还有一定的战术意义；后蹬腿由于重心变化较大，不容易连接，加上配合步法、拳法等技术使用时，动作幅度往往更大，重心移动明显，同时很难充分发力和维持身体平衡，也容易被对手防守，因而后蹬腿虽有一定程度的运用，但运用率不高。

1. 动作过程

以左蹬腿为例。从实战姿势开始，左脚蹬地，借蹬地的反作用力，推动重心移至右脚，左腿屈膝向前、向上提起，右腿膝关节稍屈。动作不停，借蹬地的力量左髋前送，左脚尖勾起，脚跟正对目标；以左脚领先，大腿推小腿，向前蹬出，力达脚跟；亦可送髋，脚掌下压，力达脚前掌；之后小腿迅速回收，动作还原。右蹬腿和左蹬腿动作一致，只是方向相反，力度也更大。（图 2－40）

图 2－40 蹬 腿

2. 动作要点

左髋关节充分前送外展，整个身体尽量保持平稳，重心不要过分向后移动。正向蹬击目标，力达脚跟，亦可脚掌下压，力达脚前掌。左手置于左面颊处做好防守，不要掉手。攻击后左腿沿原路线返回，身体重心平稳过渡至实战姿势。

（三）踹 腿

和蹬腿一样，踹腿同样属于直线形腿法，可阻击对手或用于进攻。它与其他腿法如鞭腿、正蹬腿相比，其侧身的进攻和防守的方式往往能发挥腿部的蹬力，因此具有更大的攻击力。在实战中它往往可以结合灵活的步法，在中、远距离进攻对方。但由于踹腿重心变化较大，动作相对较为复杂，因而不易与其他动作组合使用，运用形式主要是单一运用，且在实战中的变化较少，运用率不高。

1. 动作过程

以左踹腿为例。从实战姿势开始，左脚蹬地，借蹬地的反作用力，推动重心移至右脚，左腿屈膝向前、向上提起，左小腿外旋；与此同时，右腿以右脚尖为轴，脚跟向前拧转，右膝关节稍屈，左脚尖勾起，脚跟正对目标，大小腿约为90°角，上体稍向后、向右倾。以左脚领先，大腿推小腿，侧身向前踹出，力达脚跟或整个脚掌，右手置于头部做好防守。打击后左腿迅速回收，其轨迹与出腿轨迹相同，收腿要快，迅速呈实战姿势，以便随时进攻与防守。右踹腿动作要点可参考左踹腿，只是由正架姿势开始时，身体要左转180°，左脚尖外摆，重心移至左腿支撑，右腿踹击。（图2－41）

图2－41　踹　腿

2. 动作要点

左踹腿时，左髋关节略内旋，大小腿约成90°角，脚跟正对目标，提膝、翻小腿、右脚拧转要协调一致，整个身体尽量保持平稳，重心不要过分向后、向右移动。身体侧向踹击目标，攻击时大腿、小腿、脚掌约成一条直线，以大腿推动小腿直线向前发力。左手置于头部做好防守，不要掉手。击中目标后攻击腿沿原路线返回，身体重心平稳过渡至实战姿势。

（四）劈　腿

1. 动作过程

以左劈腿为例。重心移至右腿并独立支撑，身体微后仰，左腿以膝关节正面为力点，充分屈膝向上抬起并向上伸直后直腿下劈，脚面绷平，力达脚掌，之后迅速恢复实战姿势。右劈腿与左劈腿动作相同，方向相反。（图2－42）

2. 动作要点

以身体带动大腿，以大腿带动小腿，力达脚掌。

图2－42 劈 腿

（五）弹 腿

1. 动作过程

以右弹踢为例。从左实战姿势开始，重心左移，左腿支撑，右腿屈膝提起，脚面绷直，迅猛挺膝，大腿与小腿约成直线向前弹击，主要攻击对手面部，力达脚尖，目视前方，之后迅速回收恢复实战姿势。左弹踢与右弹踢动作相同，方向相反。（图2－43）

图2－43 弹 腿

2. 动作要点

借助提膝的力量，以大腿带动小腿快速弹击，用爆发力，不是向前摆腿，而是先屈后弹。

（六）转身腿法

1. 动作过程

转身腿法包括转身踹腿、转身蹬腿和转身摆腿。以转身左踹腿为例。以实战姿势站立，右脚向前上步的同时，以头领先身体迅速向左拧转约180°，收腹团身，之后以右腿支撑身体重心，左腿随即屈膝提起，脚跟正对目标，双手置于头部防守，迅即以脚跟为力点用力向后沿直线踹出，之后恢复实战姿势站立。右后踹腿不需要左脚上步，动作与左后踹腿动作相同，方向相反。（图2－44）

图2－44　转身腿法

2. 动作要点

上步、扣脚、转头、以转体带动腿法攻击，动作连贯，后蹬踹腿的路线要直，力点要准确，摆腿要弧线打击，整个动作要协调统一、一气呵成。

（七）勾　腿

1. 动作过程

以左勾腿为例。重心移至右腿并独立支撑，右腿膝微屈，右脚尖外撇；同时，上体微右转，左脚向左侧伸出再向内、向右后擦地勾踢，收腹合胯，挺膝勾脚，力达脚弓内侧。右勾腿与左勾腿动作相同，方向相反。（图2－45）

2. 动作要点

支撑腿屈膝，脚尖尽量外撇。勾踢腿小腿向左侧伸出后再向左擦地勾踢，用力短促。

图 2－45　勾　腿

二、防守技术

（一）阻　挡

1. 动作过程

（1）提膝阻挡

大小腿折叠，左（右）腿屈膝提起，脚尖勾起。此法主要用于防守对手攻击中下盘。（图 2－46）

（2）手臂阻挡

身体向一侧拧转或后撤化解对手攻势的同时，双臂屈肘紧贴身体，阻挡对手打击。此法主要用于防守对手攻击中上盘。（图 2－47）

图 2－46　提膝阻挡

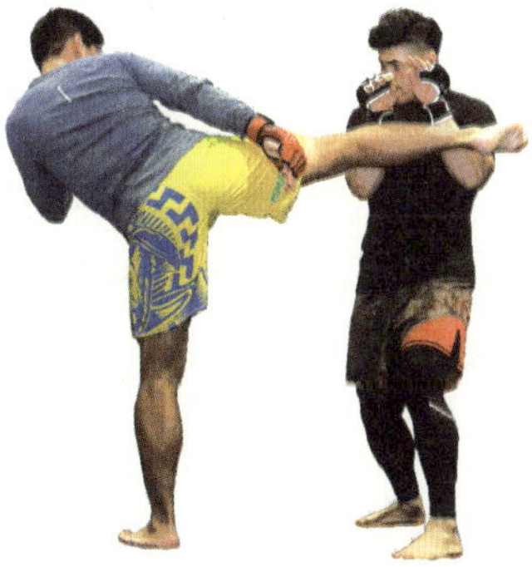

图 2－47　手臂阻挡

2. 动作要点

阻挡要迅速、及时，要根据对手腿法进攻路线灵活变化提膝的方位。手臂阻挡最好配合躲闪综合运用。

（二）抄 抱

1. 动作过程

（1）抄抱鞭腿

以正架为例。对手左鞭腿攻击选手躯干或头部，选手身体微右转上步化解对手攻势的同时，左手屈臂贴紧身体，向外抄抱对手踝关节或膝关节，之后可以打击对手，也可以迅速实施相应的摔法，将对手摔倒实施锁腿等降服技法。（图 2－48）

（2）抄抱蹬腿（踹腿）

以正架为例。对手左蹬腿攻击选手躯干，选手在后撤或收步收腹的同时，手腕一上一下交叉锁扣对手脚踝，之后迅速进行打击或实施摔法；或者迅速转换把位抄抱对手膝关节并实施打击或相应的摔法；或选手在侧闪躲过对手的攻击腿后迅速抄抱对手膝关节，之后迅速实施打击或相应的摔法。（图 2－49）

图 2－48　抄抱鞭腿

图 2－49　抄抱蹬腿（踹腿）

2. 动作要点

预判准确，时机把控得当，抄抱要紧，双手锁扣要牢固，之后迅速实施打击或摔拿动作。

（三）躲 闪

1. 动作过程

（1）躲闪鞭腿

对手用左（右）鞭腿进攻，选手上体以腰为轴后移，或迅速后滑步、跨步或撤步躲开对手的攻击。（图 2－50）

(2) 躲闪踹腿(蹬腿)

对手用左(右)蹬腿进攻,选手上体以腰为轴向后仰撤,或迅速后滑步、侧步或撤步躲开对手的攻击。(图 2-51)

图 2-50 躲闪鞭腿

图 2-51 躲闪踹腿(蹬腿)

2. 动作要点

动作幅度要小,时机把握及时,不可过早或过晚,之后要迅速恢复实战姿势。

第五节 膝 法

膝法,是指以膝关节为主要攻击武器的各种技法,是较为独特的腿法技术。膝击时要求屈膝叠腿,使膝部突起攻击对手。可给对手以致命的打击,是制胜的杀手锏之一。可见,杀伤力大是膝法的首要特点。其次,相对腿法攻击,其距离对手更近,因此攻击更为快捷隐蔽,攻击的角度变化多端,是中、近距离,特别是近身缠斗的重要杀伤性武器。不仅如此,膝法在防御、阻击方面也极具实用价值,中、远距离可以阻击腿法的攻击;中、近距离可以防御对方的膝法和拳法;运用时机恰当,在遏制对手摔法技术上也具有非常好的效果,是综合格斗立体攻防体系中最为坚固的防线。

膝法一般用于攻击对手的躯干和头部,在近距离纠缠或抱摔时,运动员也常常运用短促的膝法进行攻击和防御。膝法主要有顶膝、冲膝、侧膝、跪膝等。其中顶膝和冲膝运用得最多,包括一般提膝向上直顶、向前冲撞或做斜线冲击。

一、进攻技术

（一）顶　膝

1. 动作过程

以左顶膝为例。以实战姿势站好，左脚蹬地，重心移至右脚，同时左腿快速屈膝收髋，大小腿折叠，以膝部向上提撞对手躯干或头部，之后恢复格斗式（图 2－52）。右顶膝和左顶膝动作相同，只是右膝攻击。

2. 动作要点

膝部要垂直向上撞击，不可偏斜，动作时需收下颏，且双手保持防护，不要低头猫腰。此技主攻中段腰腹部，无论站立、地面缠斗均可，也可在缠抱时尤其笼边对抗时攻击对方腿部或用来防御等，如配合箍颈压肩手法，可攻击对方头部、面部和胸窝。

（二）冲（压）膝

1. 动作过程

以左冲膝为例。实战姿势站好，左脚蹬地，重心移至右脚；或右脚上步，在右脚落地重心置换的瞬间，左脚迅速蹬地，借蹬地之力左脚背绷直，大小腿折叠，左腿屈膝迅速上抬，之后左髋前挺外展，带动膝关节向上、向前冲撞发力，上体略后仰，双手交叉摆动协调配合，并做好防护，也可冲撞至最高点后迅速下压，向前、向下冲撞（压膝）（图 2－53）。右冲膝和左冲膝动作相同，只是右膝攻击。

图 2－52　顶　膝

图 2－53　冲（压）膝

2. 动作要点

大小腿夹紧，向前挺髋，膝部要垂直向前、向上撞击，左髋前挺外展，以增大攻击力度。双手交叉摆动配合并做好保护，之后迅速恢复实战姿势。冲膝常配合箍颈压肩攻击对手胸腹部及头部，也可配合跳跃步冲击对方。

（三）摆 膝

1. 动作过程

摆膝又称刺膝、侧膝，以左摆膝为例，重心移至右脚，左脚向上向外提起，使左膝自然呈“<”状向前刺出，迅速向内攻击对手肋部或大腿外侧（图2－54）。右刺膝与左刺膝动作相同，方向相反。

图2－54 摆 膝

2. 动作要点

摆膝系双方贴身纠缠，其他膝法无法应用时，顺势屈膝直撞对手大腿肌肉或腹股沟部位乃至肋部部位的颇具功效的独特膝法，有削弱对手战斗力，扰乱其注意力的作用。如对手近身用膝，也可以刺膝破之。在综合格斗比赛中侧膝要谨慎使用，以免被对手抓住机会实施摔法，反而处于不利地位。

（四）跪 膝

1. 动作过程

跪膝一般用于地面缠斗。以左跪膝为例，在地面缠斗中，选手取得优势上位，对手处于下位，选手身体略前倾，借助身体重心，左膝从上向下跪击对手躯干或腿部肌肉薄弱处。右跪膝与左跪膝动作相同，只是用右膝攻击。

2. 动作要点

跪膝系双方地面打斗，一般用于选手方处于侧面、龟式上位、开放式防守或半开放式防守上位。跪膝时要借助身体的重心，同时注意对手身体位置的变化，在控制对手的基础上打击对手。跪膝杀伤力巨大，如对手肋部等遭遇跪膝很容易造成受伤，从而迅速锁定胜局。

二、防守技术

（一）阻 挡

1. 动作过程

当对手左（右）膝攻击时，选手含胸收腹的同时，两掌下压对手膝关节，阻挡来膝；或者迅速提起一膝，用膝关节向上、向外阻挡对手的大腿内侧，使其无法充分发力攻击。

由于膝法攻击力巨大，因此单纯的阻挡很难奏效，往往结合身法和步法进行，在避开对手攻势的基础上，用两掌阻格对手的膝击。（图 2－55、图 2－56）

图 2－55 两掌阻挡

图 2－56 膝阻挡

2. 动作要点

迅速侧转并含胸收腹，两掌下压对手膝关节。防守动作要及时，在接触的瞬间肌肉要有一定的紧张度。

（二）躲 闪

1. 动作过程

躲闪顶膝

当对手左（右）顶膝时，选手迅速含胸收腹，或结合收步、后滑步或撤步等进行综合防守，躲闪开对手的攻击。

2. 动作要点

动作幅度适当，不可过大或过小。时机把握要及时，不可过早或过晚，之后要迅速恢复实战姿势。

第六节 摔 法

“拳加跤，艺更高”。摔法是格斗技术中相对较难掌握、技术含量较高、实战效果显著的技法之一，也是综合格斗比赛中的重头戏。在综合格斗比赛中，摔法不仅是对付拳腿攻击的有力武器，也是由站立缠斗进入地面缠斗的关键衔接，出色的摔法技术对控制比赛节奏，特别是为地面缠斗技法的实施提供了前提和基础。

首先，从身体的接触时间来看，摔法的实施大多有一个身体接触和持续发力的过程，其技术的主要目的是持续破坏对手重心而迫使其倒地。在纯摔柔类项目的比赛中，由于受倒地的标准、禁用的动作、运动员的服装、使用动作的时间等诸多规则方面的限制，其技法的实施也受到一定的制约。但在综合格斗比赛中允许运用各个流派的摔跤技术，如古典式摔跤、自由式摔跤、桑搏、中国式摔跤等各类跤法的运用，其规则更具开放性，因此，其技术体系也更为丰富，更具全面性。

其次，由于在综合格斗比赛中运动员大都赤裸上身，下身穿格斗短裤，所以在实战比赛中可给运动员的摔跤把位很少；不仅如此，在综合格斗比赛中，摔法的实施往往是从化解对手拳腿的攻击开始的，或必须在站立缠斗中把握稍纵即逝的时机变换位置，因此，要求运动员迅速把握时机并抢得把位实施摔法，这就对摔法技术的实用性有更高的要求。比赛中可运用的摔法技术有许多种，如抱绊腿类、过背类、过胸类、舍身类等。其中，简单的技法更容易获得把位以及时机，这也就是为什么我们在综合格斗比赛中看到的摔跤技法大多是抱摔、绊摔的原因所在，因为抱绊腿类的摔法更为简捷有效，更具有实用性。确切地讲，是更适合赤膊格斗。当然，一些优秀摔跤选手出身的综合格斗运动员还是喜欢使用过背摔等更具难度的摔法，但需要运动员有扎实的摔跤功底。

最后，综合格斗比赛的摔法更注意倒地后的衔接，尤其摔倒后是否有利于优势位置的占有和控制。在综合格斗比赛中，将对手拖入地面的主要目的就是要迅速占据有利位置，进而控制对手，以利于在接下来的缠斗中更好地发挥自己的打击技和降服技。而无论何种原因，一旦被拖入地面，首先要做的就是尽可能地不被对手压制，如果获得优势的位置就要进行巩固并控制对手；反之，如果处于不利的位置，就要尽可能地快速摆脱，时间越久，自身的处境就越危险。

本教材主要介绍综合格斗比赛中常用的摔法。

一、抱腿摔

（一）抱双腿冲顶

1. 动作过程

从实战姿势开始。对手用拳法攻击选手头部，选手积极下潜躲过来拳的同时，上步于对手两腿之间，后脚跟步；或站立缠斗中选手积极抢占有利把位后下潜，双臂分别插向对手的左右大腿外侧，并环抱其大腿，同时头部、肩部、胸部与对手躯干贴紧，双手积极内旋回拉，肩部顶住对手腹部重心部位，大腿用力蹬地并借身体惯性迅速向前方冲顶，迫使对手仰面倒下，摔倒后继续控制其双腿，及时过腿并占据有利位置。（图 2 – 57）

抱双腿冲顶

图 2－57　抱双腿冲顶

2. 动作要点

用肩部撞击对手重心，迫使对手重心移动。头部紧贴对手肋部并横向发力配合，双手积极内旋回拉以遏制对手腿部发力。腰背收紧，不要低头，全身协调用力将对手摔倒。摔倒后及时过腿并占据有利位置。动作连贯，一气呵成。

（二） 抱双腿扛

1. 动作过程

抱双腿扛

从实战姿势开始。对手用拳法攻击选手头部，选手积极下潜躲过来拳的同时，上步于对手两腿之间，另一只脚跟步；或站立缠斗中选手积极抢占有利把位后下潜，双臂分别插向对手的左右大腿外侧，并环抱其大腿，同时头部、肩部、胸部与对手躯干贴紧，双手积极内旋回拉肩部顶住对手腹部重心部位，之后双脚用力蹬地挺髋，迅速将对手扛起，然后选手一只手抱对手的大腿，另一只手托抱对手的腰部，顺势撤步，迫使对手仰面朝上摔倒在地，摔倒后可捶击对手或侧面控制对手。(图 2－58)

2. 动作要点

冲撞对手迫使其失去重心后，双脚用力蹬地挺髋，全身协调用力将对手扛起。扛起后换手和撤步要协调快速。对手倒地后继续控制其双腿，并迅速进行地面打击或过腿占据有利位置。动作要连贯，一气呵成。

图 2－58　抱双腿扛

（三）跪抱双腿

1. 动作过程

从实战姿势开始。对手用拳法攻击选手头部，选手积极下潜躲过来拳的同时，上步跪于对手两腿之间，另一只脚跟步；或站立缠斗中选手积极抢占有利把位后下潜，同时头部、肩部、胸部与对手躯干贴紧，双手积极环抱其膝窝部并内旋回拉以遏制对手腿部发力，一只脚蹬地向侧前方跟步，头顺势向上昂起，利用冲撞力、头顶力、手内旋回拉力和脚蹬地力的合力将对手掀翻在地，之后继续控制其双腿，及时过腿并占据有利位置。（图 2－59）

跪抱双腿

图 2－59　跪抱双腿

2. 动作要点

用肩部撞击对手身体重心，头部紧贴对手肋部并发力配合，双手积极内旋回拉，腰背收紧，一条腿蹬地发力，全身协调用力将对手摔倒。对手倒地后选手继续控制其双腿，将其抬高，以便选手迅速过腿占据有利位置。动作连贯，一气呵成。

（四） 抱单腿压

1. 动作过程

从实战姿势开始。对手用拳法攻击选手头部，选手积极下潜躲过来拳的同时，上步于对手两腿之间；或站立缠斗中选手积极抢占有利把位后迅速下潜，左臂环抱住对手一条腿的大腿根部，另一只手臂环抱其膝部，或双手搂抱其膝部，肩部与对手躯干贴紧，头上抬并贴紧对手身体一侧的肋部，以防止对手对头部的攻击，用肩胸压紧对手的大腿根部，之后整个身体用力下压并可配合撤步，迫使对手失重，从而将对手摔倒，倒地后继续控制其双腿，及时过腿并占据有利位置。（图 2－60）

抱单腿压

2. 动作要点

抱腿下压要迅速连贯，否则容易被对手抓住机会转移到侧面或背后，从而造成不利局面。抱腿后头上抬并贴紧对手身体一侧的肋部，肩胸压紧对手的大腿根部，用整个身体的力量下压对手的大腿根部，从而迫使对手失重。摔倒后双手继续控制其腿部，并迅速占据有利位置。动作要连贯，一气呵成。

图2－60　抱单腿压

（五）侧抱腿

1. 动作过程

从实战姿势开始。对手用拳法攻击选手头部，选手积极下潜躲过来拳的同时，上步双手环抱住其膝部；或站立缠斗中选手积极抢占有利把位后下潜，头在内环抱其膝部，选手肩部、胸部贴紧并下压对手的大腿根部，头部紧贴对手胸腹部，身体协同用力下压，迫使对手失去重心倒地；倒地后要将对手腿上提，以及时过腿并占据有利位置。（图2－61）

侧抱腿

图2－61　侧抱腿

2. 动作要点

抱腿时头上抬并顶紧对手的胸腹部，肩臂压紧对手的大腿根部，用整个身体的力量下压对手的大腿根部，身体协同用力下压，迫使对手失去重心倒地。摔倒后双手继续控制其腿部，并迅速占据有利位置。动作要连贯，一气呵成。

二、绊腿摔

（一）外 挂

1. 动作过程

从实战姿势开始。在站立缠斗中，双方交叉搂抱，选手一只手抓住对手一只手腕的关节，避免对手打击，另一只手环抱对手另一只手的前臂；之后，选手向对手侧后方上步，上步腿紧贴对手大腿外侧，同时另一只手迅速抢占对手的腋下，避免对手抱腿反击；动作不停，选手身体重心略下降，同时向对手侧后方拧转迫使其重心移至一条腿上，继续挤压对手，迫使对手失重倒地，之后选手迅速进行侧面控制。(图 2－62)

外 挂

图 2－62 外 挂

2. 动作要点

上步至对手大腿外侧，要贴紧，避免对手反攻。积极控制对手手臂，避免对手逃脱，破坏其身体重心后，要继续挤压对手迫使其倒地。动作要连贯，一气呵成。

（二）大得合（大内刈）

1. 动作过程

大得合（大内刈）

从实战姿势开始。在站立缠斗中，双方交叉搂抱，选手一只手环抱对手的一只手臂，避免对手抱腿反击，另一只手环抱对手的手臂或脖颈。选手身体向一侧拧转，同时手臂向下、向同侧牵拉对手的脖颈或手臂，迫使对手身体重心移至一条腿上。之后选手迅速上步从内向外盘住对手的支撑腿，并用大腿及腰髋紧贴对手的支撑腿内侧，身体持续拧、转、挤、压对手的同时，另一只脚蹬地发力，转头扭脸的同时，向外、向后扫剪对手的支撑腿，迫使对手失去重心倒地。之后迅速过腿侧面或骑乘控制对手。（图 2－63）

图 2－63　大得合（大内刈）

2. 动作要点

身体协同用力，迫使对手身体重心移向左腿。大腿及腰髋紧贴对手的支撑腿内侧，另一只脚蹬地发力、转头扭脸，并向外、向后扫剪对手的支撑腿。动作要连贯迅速，一气呵成。

（三）大外刈

1. 动作过程

大外刈

从实战姿势开始。在站立缠斗中，双方交叉搂抱，选手一只手环抱对手的一只手臂，避免对手抱腿反击，另一只手环抱对手的脖颈。选手向侧前方上步的同时，积极向外、向上牵拉对手的手臂，另一只手向前、向上挤压牵拉对手的头颈，将对手的身体重心带到其一条腿上。之后迅速上步，一腿插到对手支撑腿的外侧，大腿及腰髋紧贴对手支撑腿外侧，向后转头扭脸的同时，身体向一侧拧转，向后扫剪对手的支撑腿，迫使对手失去重心倒地。之后迅速侧面袈裟固控制对手。（图 2－64）

图 2－64 大外刈

2. 动作要点

身体协同用力，迫使对手身体重心移至一条腿，大腿及腰髋紧贴对手支撑腿的内侧。身体拧转、转头扭脸、向后扫剪对手的支撑腿。动作要连贯迅速，一气呵成。

（四）手 绊

1. 动作过程

从实战姿势开始。在站立缠斗中，双手交叉搂抱，选手左手控制对手右臂，右手环抱对手脖颈。

手 绊

选手向下压对手头颈，对手抬头反抗，选手重心迅速下降，右膝跪地，左腿支撑，头在对手身体前或后均可。之后左手抱住对手左踝关节部位，右手抱住对手右膝窝或右踝关节部位，避免对手抽腿逃脱，右肩贴紧其膝关节外侧。左脚蹬地发力，同时肩向前顶，迫使其失去重心倒地，之后迅速控制对手。（图 2－65）

2. 动作要点

伏地要突然，用肩膀和双手控制对手小腿，身体前顶，肩部顶紧对手小腿，身体协同用力将对手摔倒。动作要连贯、迅速，一气呵成。

图 2－65 手 绊

三、接腿摔

（一）接腿绊

1. 动作过程

当对手用右横踢腿进攻选手大腿时，选手抢先进步，顺势用左手臂抄其膝窝；或当对手用右横踢腿进攻肋部时，选手抢先进步，或向右前方侧进步，身体右转的同时顺势用左手臂抄其膝窝，此时可以用拳、肘、膝攻击对手；之后选手用手推对手肩或面部的同时，向右侧前方上步，迫使对手身体向一侧旋转，在对手失去重心的瞬间用左脚掌横绊其支撑腿脚踝，避免对手因支撑腿移动进行平衡补偿，从而迫使对手失去重心摔倒在地。之后选手顺势跪地，手抱住对手的腿不松开，并继续上抬；或向后、向下拉对手的大腿，右膝从对手大腿划过，迅速过腿；或迅速换为双手手臂从内抱住对手的大腿根部，双脚蹬地，身体协同用力向前挤压对手使其身体变形，待头部与其膝关节几乎接触，此时对手身体及腿部很难发力，之后迅速过腿并转为侧面压制；或选手站立，左脚快速跟进，顶住对手的髋关节，身体挤压或用手拨压其大腿后迅速过腿，转入侧面控制。(图 2－66)

接后鞭腿绊

图 2－66　接腿绊

2. 动作要点

接腿要及时，抄抱要牢固，推肩、侧进步与身体的拧转及挡绊要协调一致。倒地后继续控制其大腿及身体，迅速过腿转为侧面控制。动作要连贯，一气呵成。

（二）接腿切

1. 动作过程

当对手用右横踢腿进攻选手大腿时，选手抢先进步，顺势用左手臂抄其膝窝，此时可以用拳、肘、膝攻击对手。随即左手臂用力上抬，步法同时跟进，右手向前、向下切压对手面部或胸部，迫使对手失去重心摔倒在地。之后选手顺势跪地，手抱住对手的腿不松开，并继续上抬，或向后、向下拉对手大腿，右膝从对手大腿划过，迅速过腿；或迅速换为双手手臂从内抱住对手的大腿根部，双脚蹬地，身体协同用力向前挤压对手，待其头部与其膝关节几乎接触，此时对手身体及腿部很难发力，之后迅速过腿并转为侧面压制；或选手站立，左脚快速跟进，顶住对手髋关节，身体挤压或用手拨压其大腿后迅速过腿，转入侧面或骑乘控制。（图2－67）

接后鞭腿前切

图2－67　接腿切

2. 动作要点

接腿要及时，抄抱要牢固，推躯干、进步与抬臂要协调一致。倒地后继续控制其大腿及身体，迅速过腿转为侧面控制。动作要连贯，一气呵成。

（三）接腿勾踢

1. 动作过程

当对手用腿法进攻选手躯干时，选手顺势从内向外抄抱其脚踝；此时也可迅速转为抄抱膝窝，并以拳、肘、膝攻击对手。之后身体向一侧旋转的同时顺势将对手腿部后拉，双手上掀对手腿部，后腿迅速跟进，勾踢其支撑腿，迫使对手失去重心倒地，之后迅速过腿并进行控制。（图2－68）

接后鞭腿勾踢

图 2－68　接腿勾踢

2. 动作要点

接腿要及时，抄抱要牢固，后拉、勾踢要协调一致。对手倒地后迅速过腿控制。动作要连贯，一气呵成。

（四）接腿摇涮

1. 动作过程

当对手以鞭腿腿法攻击选手躯干或头部时，选手迅速抄抱其脚踝；或当对手用侧踹腿或蹬腿攻击选手躯干时，选手含胸收腹身体微后撤的同时，上下环扣抄抱对手脚踝。之后前脚后撤一步，重心略下降，前脚用力蹬地，双手扣住对手脚踝借助于手臂的合力向外时向下摇涮，迫使对手重心忽然向侧前方移动，待双手移动到最低点时，猛然改变方向，向内、向上摇涮，迫使对手来不及平衡代偿而摔倒在地，之后继续后拉对手腿部并迅速过腿控制对手。（图 2－69）

接蹬腿涮

2. 动作要点

接腿要及时，抄抱要牢固，后撤、摇涮要协调一致，改变方向要及时突然。对手倒地后迅速过腿控制。动作要连贯，一气呵成。

图 2－69　接腿摇涮

四、过躯干摔

（一）抱臂过背

1. 动作过程

抱臂过背

在站立缠斗过程中，左手从对手手臂内侧扣住对手上臂或将对手右手夹于腋下，右手扣住对手颈部，前臂抵于对手锁骨；上右步于对手两腿之间，同时右臂迅速从对手右臂腋下穿过夹紧对手右上臂，背右步于对手右脚前（或两腿间）。动作不停，身体迅速转体填腰，屈膝，降低身体重心，右肩插于对手右腋，贴紧对手，左脚跟步于对手两腿之间，臀部抵于对手胯部，随即双腿蹬直，上体前倾，双臂向左前下方拉，向左转脸，身体协同发力，将对手从肩上摔到地面，右膝跪于对手右腋下，左腿弯曲向侧前方伸，整个身体压在对手胸部位置，右手扣住对手颈部，顺势转地面袈裟固；如对手防守太快，袈裟固未完成，身体左旋，身体正面压到对手胸部位置，双膝抵于对手腋下和胯部，侧面控制对手。（图 2－70）

2. 动作要点

上步和背步要及时，位置恰当。双手牢牢抱紧对方的手臂，肩膀紧紧顶住对方的腋下，迫使对手失去重心。发力时，双腿向上蹬伸，双臂向左前下方拉，上体前倾并转脸，身体协同用力将对手从肩上摔到地面。

图 2－70　抱臂过背

（二）夹颈过背

1. 动作过程

夹颈过背

在站立缠斗中，互相抢占把位，将对手右手臂夹在左臂腋下（或用左手握对手右臂），右手（臂）扣住对手颈部，屈膝、上体微前倾，头部贴于对手头侧，上右步于对手右脚前，转体填腰，左脚背步于右脚前，左手拉住对手右手臂不松开，右臂前伸，上臂和前臂夹紧对手颈部，降低身体重心，屈膝将对手背在腰上，臀部抵住对手的胯部，双腿蹬直、提腰，背起对手；同时右手向下夹压对手颈部，左手拉对手胳膊，左转脸，将对手从背上摔倒在地，手不松，右膝跪于对手右腋下，左腿弯曲向侧前方伸，整个身体压在对手胸部位置，右手扣住对手颈部，顺势转地面袈裟固；如对手防守太快，袈裟固未完成，身体左旋，身体正面压到对手胸部位置，双膝抵于对手腋下和胯部，侧面控制对手。（图 2－71）

图 2－71　夹颈过背

2. 动作要点

上步和背步要及时，位置恰当。双手牢牢抱紧对方手臂及颈部，迫使对手失重。发力时双腿向上蹬伸，右手向下夹压对手颈部，左手拉对手上臂，左转脸，身体协同用力将对手从肩上摔到地面。

（三）抱臂钻扛

1. 动作过程

钻扛过肩

在站立缠斗中，选手伺机用左手抓握住对手右手腕从胸前拉向自己的左侧，用左臂圈住对手右上臂，同时，迅速降低身体重心，右膝跪地，头部潜入对手右腋下，右手搂住对手右大腿根部，立腰、挺胸、昂头，身体向右侧旋转，由右膝跪地左腿支撑变换为左膝跪地右腿撑地，身体向左侧倒下，用头部紧紧顶住对手侧胸部，将对手摔倒在自己身体左侧，右膝跪于对手右腋下，左腿弯曲侧前伸，整个身体压在对手胸部位置，右手扣住对手颈部，顺势转地面袈裟固；如对手防守太快，袈裟固未完成，身体左旋，身体正面压到对手胸部位置，双膝抵于对手腋下和胯部，侧面控制对手。（图 2－72）

图 2－72　抱臂钻扛

2. 动作要点

左臂要牢牢圈住对手的右上臂，头部潜入对手的右腋下，右手搂住对手的右大腿根部，迫使对手失去重心。发力时，身体向左侧倒下，右腿蹬地，左手臂下拉，右手上举，身体协同用力将对手从肩上摔到地面。

（四）正（侧）抱躯干过胸摔

1. 动作过程

站立缠斗互抢把位过程中，选手伺机将对手拉向自己身体的同时，上右步于对手两腿之间，上左步于对手右脚外侧，之后迅速屈膝下蹲，双手搂住对手躯干或手臂和躯干，同时双手于对手腰部背后搭扣，头贴紧对手右大臂外侧或胸部，双腿蹬地发力，用腹部撞击对手髋部或腹部，抬头后仰挺髋，主动后倒，身体快要着地时，迅速向一侧转体将对手摔倒在地，之后随即侧面位控制对手（如图2－73）。

正（侧）抱躯干过胸摔

图2－73　正（侧）抱躯干过胸摔

2. 动作要点

双臂牢牢搂住对手躯干或手臂和躯干，头贴紧对手右上臂外侧或胸部。双腿蹬地发力，抬头后仰挺髋，用腹部撞击对手髋部或腹部，主动后倒，迫使对手失去重心。当身体快要着地时，迅速向一侧转，将对手摔倒在地，之后随即侧面位控制对手。

（五）后抱腰过胸

1. 动作过程

在站立缠斗互抢把位过程中，选手左手抓住对手右手腕，右臂搭于对手右上臂内侧，拉向自己身体的同时上步；上左步于对手身体右侧，跟右步右转体于对手背后或左手抓住对手右手腕，上挑；屈膝下蹲，头下潜，从对手右腋下穿过，迅速跟步右转体于对手背后，双手于对手腰部搭扣，胯抵住对手臀部，面部一侧贴紧对手背部，主动后倒；同时两腿蹬地发力，用腹部撞击对手臀部，后仰抬头挺胸挺腹，当后脑部快要着地时，向左转体将对手摔倒在地，身体左旋，身体正面压到对手胸部位置，双膝抵于对手腋下和胯部，侧面控制对手。（图2－74）

后抱腰过胸

2. 动作要点

双手臂于背后牢牢搂住对手腰部，胯抵住对手臀部，面部一侧贴紧对手背部。双腿蹬地发力，抬头后仰挺髋，用腹部撞击对手髋部，主动后倒，迫使对手失去重心。当身体快要着地时，迅速向一侧转，对手倒地后要及时进行位置控制。

图 2 – 74　后抱腰过胸

第七节　地面缠斗技法

相比站立搏击，地面缠斗更为复杂。在站立对抗过程中，运动员的相对位置变化不大。一旦进入地面，双方选手就可能面临更多的不同位置的缠斗。

从某种意义上说，地面缠斗更是一场位置之战。“降服必先抢位”，意思是说，选手发起降服攻击前需要抢先占据有利位置。有些选手因急于发起攻击而失去有利位置，实为不明智之举。在地面缠斗中，无论是在学习还是在实战中，培养良好的位置意识至关重要。在地面缠斗中，选手首先要具备识别基本位置的能力，感知自己和对手分别处于什么位置，如“我正处于侧骑乘位置，对手正在尝试逃脱”等。在此基础上，选手要学会如何在各种位置中控制对手，应掌握何时、何地出手、如何占位、如何控制身体姿态及利用自身重量压制对手等。当处于下位时，运动员应知晓如何减轻对手的重压并避免被对手降服。每一种位置的选手都可以转变到其他不同的位置，如由防守转变为侧骑乘位置，或是由骑乘压制转为后骑乘体位等，上位的选手应至少掌握两种换位衔接方式，下位的选手则至少应掌握两种逃脱或转换方式。同时，在每种位置上至少掌握两种降服技。对抗双方需多动脑、勤思考，学习如何破解对手的招数，这就是地面缠斗又被称为“身体对抗中的棋类比赛”的原因。一般来讲，综合格斗有 6 个基本位置：骑乘（mount）、侧骑乘（side – mount）、封闭式防守（close guard）、半封闭式防守（half – close guard）、开放式防守

(open guard) 以及背后 (back)。

拿法即擒拿降服对手的技术，根据降服的部位可以把拿法分为关节技和锁技，关节技是对关节进行擒拿的技法，锁技则是针对脖颈进行降服的技术。本书主要介绍综合格斗比赛中常用的关节技和锁技。

一、地面缠斗的基本位置

（一）骑乘

图2－75　骑　乘

骑乘位是综合格斗中的经典控制位。其他格斗项目（如柔道）虽也有与骑乘位相同的位置，却与综合格斗的不尽相同。在综合格斗比赛中，除了寝技的使用外，处于骑乘位中、上位的选手还可随意选择用拳打、肘击、掌击等方式击打下位选手，尤其是对对手头部的猛烈攻击，下位选手往往毫无还击之力。(图2－75)

骑乘位上位选手将双脚放置于对手大腿两侧、躯干两侧或下部，膝关节向内挤压，将自身重量全部压制在对手腹部或胸口上，使对手难以呼吸，限制对手活动，从而从容地实施打击技和降服技。骑乘位已是一个相当好的位置，不过上位选手还可以进一步扩大位置优势，充分使用格斗技术实现换位，如击打对手，趁其转身防护面部侧转之时换到背后。如果上位选手感觉骑不稳对手时，也可尝试转入更容易控制对手的侧面压制或膝关节压制位置。另外，上位选手应提前预想到对手可能采取的逃脱策略，并做好相应准备。例如，下位选手可能因急于逃脱而用手推挡上位选手，此时上位选手便可伺机发动十字固攻击。上位选手最常用的降服技术是十字固。不过，腕缄、手臂三角绞乃至断头台也是受欢迎且行之有效的降服技。上位选手最好将以上降服技结合起来使用，向对手发出一波又一波的猛烈攻击，让下位选手应接不暇。

对于下位选手来说，攻击对手的手段很有限，变换位置应是下位选手的首选。下位选手通常使用两种互补的技术逃脱下位，即起桥逃脱法和手肘逃脱法（虾行逃脱法）。在使用起桥逃脱法时，下位选手需控制住对手的同侧手臂和腿部，并向上起桥，这时上位选手已无法稳住重心，因而很容易被下位选手拖入防守状态。第二种实用逃脱技就是手肘逃脱法（虾行逃脱法）。使用手肘逃脱法时，下位选手利用手肘增大与对手之间的间隙，以便逃出一条或两条腿来，从而形成半封闭或封闭式防守。实战选手通常将两种打击技术结合使用，效果更佳。下位选手可用的降服技非常有限，且难度很大，最常用的一种是足锁法。它要求下位选手先起桥，为自己争得一定的空间，然后再控制住对手的膝关节。骑乘位下位选手位置情况极不乐观，因此上述方法虽非主流技术，却也值得一试。

（二）侧骑乘

图 2－76　侧骑乘

侧骑乘，又有“千斤顶”的美誉（图 2－76）。因其安全性高，可使用降服技多而成为地战中的一种常用的压制技术。在侧骑乘中，上位选手有效利用自身的重量压制对手，并将手或膝盖置于对手髋部，防止被对手挣脱而进入防守状态。如果上位选手离开对手身体并转向控制对手头部，也就是实施所谓的南北式压制时，则无须控制对手髋部。一部分选手会尝试由侧骑乘转至完全骑乘，以扩大位置优势，并利于打击对手；而另一部分选手则偏向于保持侧骑乘姿势，并伺机发动降服技。显而易见，无论选手偏向于使用侧骑乘压制对手，还是只是将其作为技巧转换的中转站，侧骑乘都是地面战中的核心技术之一。

侧骑乘是地面战中的常用技巧，因此，每位学习者都应学会如何使用侧骑乘技，以及如何借之扩大位置优势和进行上下位攻防。

上位选手经常使用的换位技巧是从侧骑乘换为完全骑乘，实现换位时，可以伺机将腿绕过对手身体，或先换至膝盖压制，再将膝盖滑至对手身体的另一侧；除此之外，上位选手还有一种选择，即向对手发起膝盖压制，破坏其防守姿态，继而发动攻击；此外，上位选手也可根据对手的防守方式调整手臂与腿部姿态，转至侧骑乘的变体位置。下位选手可使用多种技巧摆脱下位，其中最常见的换位技术分别是虾行和起桥，即通过横向移动胯部，或者通过起桥等一系列动作，迅速脱离对手控制，可以将双腿置于自己和对手之间，以转换为防守位置；甚至趁对手不备时伺机逃脱，换至上位，并反过来压制对手。侧骑乘下位选手最好将逃脱技与其他技巧结合使用。单一使用逃脱技可能不太奏效，不过类似的尝试可以帮助你迈出探索新技巧的第一步。

侧骑乘上位选手可使用的降服技较多，如直臂锁、曲臂锁、折颈技、足锁及膝十字固等。最常用的进攻技术有腕缄、木村锁、旋转十字固等。而下位选手可用进攻技较少，不过使用木村锁攻击对手的近身手臂，有时可帮助下位选手降服或翻转对手。

（三）封闭式防守

图 2－77　封闭式防守

封闭式防守是综合格斗比赛中比较常用的一种防守方式，也是许多初学者入门的必修课。使用封闭式防守时，选手可以将双腿缠绕在对手腰间，配合手技控制对手，将对手拉近推远，左右摇摆，在控制对手的基础上实施降服或翻转对手，以取得更加有利的位置。（图 2－77）

封闭式防守中的上位选手重在保持良好的姿势，如果身体不慎失去平衡，就很容易受到对手的攻击。上位选手的主要战略目标就是打击、过腿并控制对手，这一点说起来容易，做起来难，因为过腿是地面缠斗中很难掌握的技法。在封闭式防守中，过腿一般分三步走：首先，要摆好姿势，在保持自身稳定的基础上压制对手的身体；其次，及时打开对手脚勾，并控制住对手的腿或髋部；在此基础上，就可以选择合适的办法进行过腿。无论选手处于站立还是跪立姿势，都可以实施这三个步骤。如果可以成功过腿，那么上位选手基本就胜券在握了。成功过腿后选手常常进行侧骑乘，也通常会因自己或对手采用的战术而变为膝盖控制或完全骑乘。处于封闭式防守的上位选手，由于对手对自己腰部的控制，其可选择的降服技相对较少，除腿锁攻击外，上位选手都应先过腿再向对手发起降服技攻击。

相对于上位选手，封闭式防守位置的下位选手可选的降服技极多，包括十字固、木村锁、三角绞、肩锁及断头台等。如果对手穿着道服，还可以对其发起衣领绞攻击。而对下位选手来说，如果遭到对手击打，应尽量贴近对手身体，降低对手击打力量。如果对手打开脚勾，拉远双方距离，下位选手应主动转换为远距离开放式防守。切记，下位选手应尽量贴近或远离对手的身体，因为处在中间位置最容易受到对手攻击。还有许多综合格斗者选择使用另一方法，即放弃封闭式防守，利用特殊的站立技术重新站立起身，撤退并摆出有利的站姿格斗架势。此外，下位选手通常还使用多种技术翻转对手，进入上位，一旦翻转对手进入更有利的位置，成功就不远了。其中，在封闭式防守中的下位选手转向站立也不失为一个选择，特别是当其站立技了得时效果更甚。

（四） 半封闭式防守

半封闭式防守是选手用双腿控制对手一条腿的防守势。这个位置在过去认为是被过腿过了一半的弱势位置，不过随着技术的发展，半封闭式防守与其他新兴技、战术相结合后，也会成为一个极具侵略性的位置（图2－78）。在位置控制方面，处于半封闭式防守下位的选手常常使用脚勾和臂锁控制住对手的腿和手臂，保持仰卧姿势，防止对手控制自己的头部和上肢；而上位选手则相反，需尽量将对手压向地面，摆脱对手的臂锁，并尝试控制其头部和上肢。

图2－78 半封闭式防守

处于半封闭式防守的上位选手的主要目标是进行打击、降服对手以及换位。打击对手最好在控制对手的基础上进行，以避免对手换位而使自己处于不利位置。上位选手的换位一般是过对手的腿，之后换至骑乘或侧骑乘位，为此，上位选手需洞察对手的进攻意向，并想好对策，因为一旦被对手扫腿或是拖向地面，就很难实现过腿了。此外，半防守中的一些姿势可以帮助上位选手主动化解危机，但这些姿势与其他防守位差别较大。例如，上位选手在控制对手的头部和手臂时，需尽量向前推动，重心前移，借此摆脱对手的腿勾。如果你在半封闭式防守中处于上位，那么你可选择的降服技很多，包括直臂锁、曲臂锁、大量的腿锁技等。以上降服技与过腿相结合时效果更佳，二者相辅相成。

而处于半封闭式防守的下位选手的主要目标则是换位战术。下位选手可选择的三种最常见的换位战术分别为：①将对手拉回封闭式或开放式防守；②拿背，换至后骑乘；③重新夺回上位。如果你刚接触半封闭式防守不久，可以先学习如何将对手拉回防守，并在练习中逐步开始使用以上三种换位战术，向对手发起有力攻击。与封闭式或开放式防守相比，半封闭式防守下位选手可使用的降服技较少，比较常见的几种技术为木村锁、膝十字固等，还有一些选手会选择三角绞向对手发起攻击。

（五）开放式防守

在双方激烈的对抗中，一方倒地后很可能处于开放式防守的位置。开放式防守包含众多防守位置，这些防守方式的共同点在于选手不再将双脚缠绕于对手腰间，而是远距离移动与对手保持一定空间，或近距离通过用脚推拉、缠绕对手躯体等方式控制对手（图2－79）。与封闭式防守相比较，开放式防守动态性更强，速度更快，要求下位选手随时调整腿部及髋部位置。

图2－79　开放式防守

上位选手更容易实施打击技术，同时可以使用足锁、膝十字固等技术向对手发起攻击，并可伺机向对手发起过腿攻击。开放式防守中的上位选手有多种过腿方式，其中最常见的方式是先摆好姿势，躲避对手的腿勾和踢击，随后控制对手的腿部和髋部。在这种状态下，上位选手可以利用自身重量慢慢过腿，或是利用自身速度迅速过腿，这两种方式都可以助其拿到更有利的上位。而开放式防守中的下位选手则除需不断抵御对手的拳打和脚踢外，还应避免对手过腿，防止对手占据有利位置。开放式防守下位常用的上半身降服技包括十字固、三角绞、断头台、木村锁和肩胛固等。不过，以上降服技通常在对手处于跪立状态时比较适用，如果对手处于站姿，那么攻击其上半身则比较困难。

下位选手在开放式防守中可选的扫腿及其变形攻击极多，下位选手选择哪种方式翻转对手，取决于自己手、足的放置位置，以及对手的位置和能力。在开放式防守中，对手可能处于跪立、蹲立或是站立状态，因此，下位选手必须分别选择与之相对应的攻击方式。开放式防守状态是一种非常利于逃脱的防守姿势，用双脚蹬踏对手，可以迅速拉开与敌人的距离。在开放式防守状态下可以用脚蹬踏对手上体及腿部，阻止对手进攻，也可以用脚跟蹬、砸、劈对手头部进行攻击。需要特别注意的是，在开放式防守状态下，双脚很容易被对手捕获，并被实施脚踝锁。

（六）背后位置

图2－80 背后位置

背后位置又称“后骑乘”。在综合格斗比赛中，无论两名选手处于仰卧还是俯卧姿势，只要上位选手处于下位选手身后，并用脚勾控制对手，就默认二人处于后骑乘位置（图2－80）。许多人认为，后骑乘是柔术中的终极优势位置，也是综合格斗比赛中的理想位置。在这个位置，上位选手在对手身后，用脚勾控制对手（注意：不要把脚扣在一起），对手无法看见上位选手在做什么，不仅面临被打击的危险，而且他的脖子时刻面临着被绞杀的风险。综合格斗比赛中，大量选手都是依靠拿背后迅速发动绞杀而获得胜利，由此可知，这一技术的有效性与成功率之高。另外，后骑乘还是一个有利的自我防守位置。但与其他有利位置相比，后骑乘上位选手所需撤离的时间较长，因此，选手在使用这一技巧前需根据自身与对手的技术情况权衡利弊再做决定。

上位选手一旦成功拿背，很少需要再换位置，不过上位选手还是可以通过拉平对手身体或将双腿扣成三角形来扩大位置优势。一旦发现对手试图逃脱后骑乘位置，上位选手还可以选择换为骑乘、侧骑乘或半骑乘位置来保护上位。后骑乘上位选手可以攻击对手颈部，裸绞是最佳选择。如果对手穿戴道服，上位选手还可以选择衣领绞结束战斗。还有一些选手善于从后骑乘发起直十字固攻击，不过缺点是选手可能会在此过程中丢掉上位。

通常来讲，后骑乘下位是最不利的位置。举个例子，即便下位选手成功逃脱，上位选手也可以马上转至侧骑乘位置，而下位选手还需继续逃脱不利位置。处于下位的选手首要考虑的就是尽快摆脱不利位置。下位选手逃脱后骑乘一般需分几步走，首先，需要缩脖子，防止被对手绞杀；其次，如果处于俯卧姿势，则需翻转身体至仰卧姿势，并从这一位置侧向移动髋部和肩膀，转至半防守位或封闭式防守。就进攻而言，下位选手可选择的手段不多。只有当对手将脚交叉在一起时，下位选手才有机会过脚起桥，向对手发起足锁攻击。

二、站立——地面的连接技术

在综合格斗对抗中，如果对手站立技术强于自己，有时就需要把对手拖入地面，甚至主动倒地；反之，如果对手地面技术比自己更胜一筹，自己也不想与对手进行地面纠缠，一旦倒地则需要迅速站立或进行相应的防守。但无论以何种原因倒地后，都应迅速建立起相应的地面防御。如果不想与对手进行地面纠缠，就需要与对手保持适当的距离，并寻找机会重新站立。如果一时找不到机会，那就必须运用各种独特的地面攻防技法与对手周旋。

（一）基本姿势

双方在格斗过程中，选手被迫仰躺于地面，对手处于站立格斗姿势，在选手正前方计划进攻，正围绕选手移动并不断靠近。对于选手来说，这是一种非常被动的局面。为此，选手需要采用合理的防守姿势，这相当于站立格斗时的“实战姿势”，是倒地后既有利于防守又有利于进攻的姿势。在此基础上，如果不想与对手过多纠缠，选手可以迅速前后移动，与对手保持距离，或者利用一只脚勾对手膝盖部位，另一只脚在对手髋部控制对手，若对手距离较近可迅速挺髋，保持与对手的距离，并避免打击；也可以抬起脚蹬踏对手腰胯或小腿，甚至面部，令其无法俯身实施压制和进攻。

1. 动作过程

(1) 仰卧防守

选手倒地仰卧于地面，团身收腹，含胸勾头，双臂抱头，大小腿折叠，小腿与大腿和腹部大约成90°角，脚跟正对对手。这种防守姿势的优点是防守比较严密，缺点是移动不够灵活。(图2-81)

图2-81　仰卧防守

(2) 坐式防守

选手倒地，以一条腿和对角线的一只手撑地，身体两点支撑，支撑的手臂内旋，另外一条腿前伸，可以攻击对手，另一只手抬起防守。这种防守姿势便于身体前后移动以及快速起立，或重新回到前面的防守姿势。(图2-82)

图2－82 坐式防守

(3) 半跪式防守

选手以一条腿和另一条腿的膝盖跪地支撑身体重心，一只手护头，另一只手护头或撑地，目视对手。(图2－83)

图2－83 半跪式防守

2. 动作要点

仰卧防守时要屈膝、屈肘、屈颈，含胸、收腹、团身，双脚始终对着对手，目视对手。坐式防守时身体以一条腿和对角线的一只手撑地，支撑的手臂内旋，另外一条腿前伸，另一只手抬起防守。半跪式防守以一条腿和另一条腿的膝盖支撑身体重心，双手护头，可根据情况迅速站立或转为仰式防守。

（二）重新站立

1. 动作过程

从地面防守姿势开始，选手迅速坐起，身体用一只脚和一只手臂支撑，另一只手抬起防守。紧接着，另一条腿迅速后撤并用膝盖撑地，身体呈三点支撑；之后，支撑手臂用力撑地，身体快速站起并保持站立实战姿势。（图2－84）

图2－84　重新站立

2. 动作要点

坐起时，身体用一只脚和一只手臂支撑，另一条腿后撤要迅速。起立时，手臂快速撑地，身体协同用力快速站起并保持站立实战姿势。

三、关节技

（一）十字固

1. 骑乘位置十字固

（1）动作过程

骑乘位置十字固

在地面打斗过程中，选手取得优势位置，骑乘于对手身躯之上，在牢牢控制对手的基础上展开捶击，对手为了防御选手的拳肘攻击，会将双臂屈肘抬起以保护自己。此时，选手可以放弃打击的念头，转而采用降服策略来对付他。身体重心向前移动，上体前俯，双手顺势前扑，俯撑对手头部上方的地面。继而，双膝向前移动，双腿夹紧对手双臂腋窝位置，这样可以有效地破坏对手双臂的防守，令其双臂向上抬起。之后，选手伺机将右手从对手右臂内下方插入，于选手胸前抱紧其手臂，左手抱起其头部或与左手一并抱紧其右臂或左手下压其头部。在控制对手的基础上，身体向右旋转，左腿屈膝前提，以膝盖抵顶住对手右侧肩胛骨部位，同时右腿屈膝轻擦地面向左移动，小腿顺势卡入其左肩胛骨外侧。这样，选手就牢牢控制了对手的头肩，使其无法翻转，从而为选手降服对手打下良好的基础。旋即，身体继续右转，左腿随身体的转动而向上抬起，扫跨过对手头部和脖颈。动作不停，身体重心向右后方下落，臀部于对手右肩外侧着地，同时左腿落下，勾住对手脖颈，右腿压制住对手胸部。随即，双腿膝盖并拢，上体向后仰躺，双臂揽紧对手右臂，顺势向后将其捋直；之后，选手向上挺腰，从而对其右臂肘关节形成十字固降服。（图2－85）

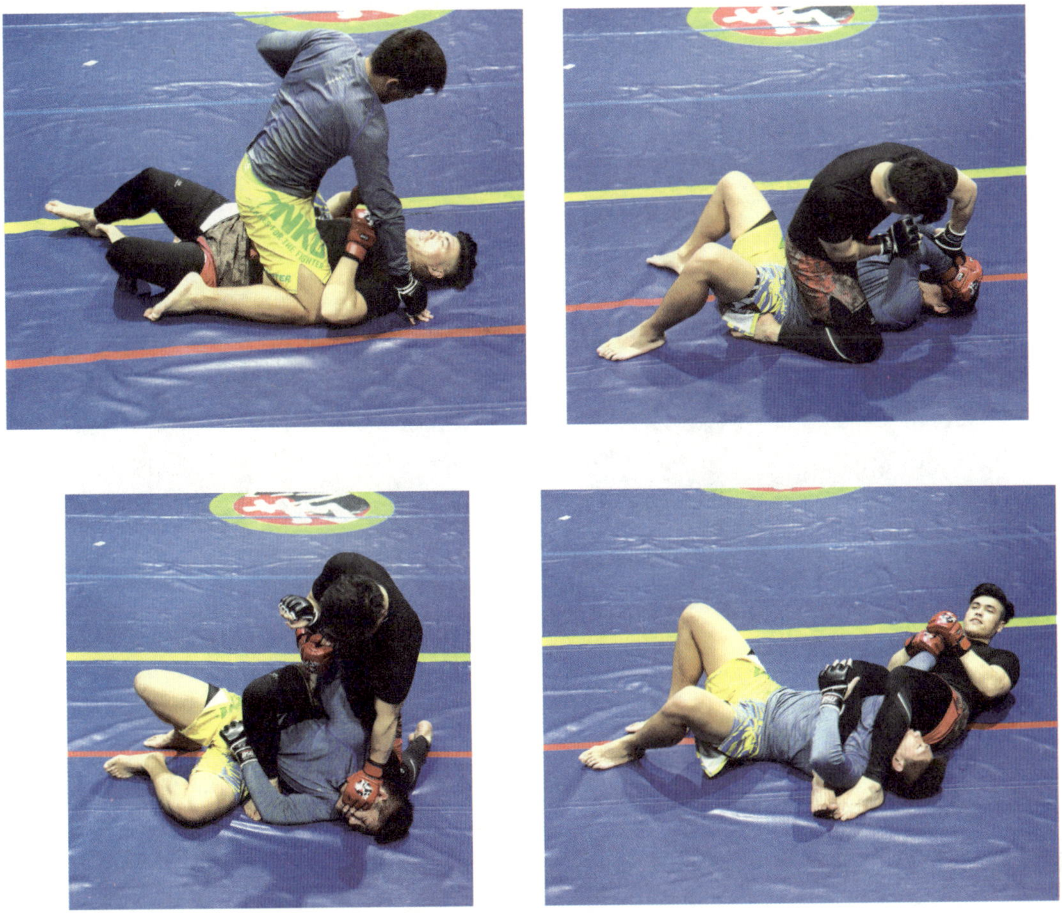

图2－85　骑乘位置十字固

(2) 动作要点

选手在降服动作之前要牢牢控制对手双肩或头肩，在此基础上进行降服；当身体转动后，一定要等到一脚抬起，迈过对手头部以后，臀部才可以向后下落着地；十字固基本成型后，选手仍然要继续控制对手。

2. 侧面位置十字固

(1) 动作过程

侧面位置十字固

进入地面缠斗，对手处于下位，选手双膝贴于地面，紧靠对手右侧部位的身体压向对手的胸部；双手将对手左侧手臂固定住，形成侧面控制。选手双臂向胸前揽紧对手的左上臂，在压制对手的基础上，以对手左手臂为关节点，身体向左旋转，绕过对手头部，另一只脚放置于对手头部上方，控制对手头部。继续旋转，双臂向胸前揽紧的同时，左腿旋转移动跨越对手身体放置其身体上方；或者脚尖插到对手肩背下方，脚面及小腿顶住对手靠近腋下的胸肋侧面。动作不停，身体重心向后方下落，臀部于对手肩外侧着地，双腿膝盖并拢，上体向后仰躺，双臂揽紧对手手臂，顺势向后将其捋直。之后，选手向上挺腰，从而对其左臂肘关节形成十字固降服。（图 2－86）

图 2－86　侧面位置十字固

(2) 动作要点

在做侧面位置的十字固时，选手需要牢牢控制对手身体，动作应在一瞬间完成，连贯、协调，切勿脱节。如果选手对对手的头颈形成控制，但双膝来不及夹紧，会给对手创造反攻的机会，令自己丧失优势。

3. 封闭式防守位置的十字固

(1) 动作过程

封闭式防守位置的十字固

选手处在封闭式防守的下位，用双脚紧紧缠绕对手的腰部，以控制对手重心。在控制对手的基础上，选手伺机单手或双手向胸前揽紧以控制对手右手臂，将其牢牢固定在选手胸前；同时，迅速打开锁扣的双脚，左脚掌蹬地或蹬对手右髋，推动身体向右侧虾行，右腿顺势置于对手肩部并与身体协同用力下压，紧紧控制对手上体。此时，选手与对手身体呈十字形，对手右手臂被选手牢牢夹紧，双腿膝盖并拢。在此基础上，选手可以抽出左手向下用力搂抱对手头部或向下用力揽紧自己的右脚踝，进一步辅助控制对手。之后，选手的左腿紧贴对手身体外侧滑到对手的头颈上方。旋即，选手向上挺腰、挺髋，伸展腰部，双臂揽紧对手的右臂，对其右臂肘关节形成十字臂锁。（图 2－87）

图 2－87　封闭式防守位置的十字固

（2）动作要点

整个过程要牢牢控制对手的上体。在左腿跨越到对手头部的过程中，要始终保持对对手的控制，十字固初步形成时与对手身体约呈十字形。挺髋伸展，身体协同用力对其肘关节形成十字臂锁。

（二）腕　缄

1. 骑乘位置的腕缄

（1）动作过程

骑乘位置的腕缄

在地面打斗过程中，选手取得优势位置，骑乘于对手身躯上，在牢牢控制对手的基础上展开捶击，对手为了防御选手的拳肘攻击，会将双臂屈肘抬起，以保护自己。选手身体重心突然前移，用身体及手臂协同用力将对手左手臂下压至其身体和头部的左侧，使其手臂和掌心朝上压在地面上。旋即，双腿勾住对手下肢，上体向其左侧平移，以左侧肩头挤压住对手头部，牢牢控制住对手的身体及左手臂。动作不停，左臂借助身体前压的力量持续下压，手心朝下，左肘关节顶住对手头部左侧，在左手牢牢扣压住对手右手腕部的情况下，右手臂掌心向下从对手左上臂下方穿过；之后，从上向下牢牢扣按住自己的左手腕，双手协同用力，将对手左臂锁定。紧接着，左手用力向对手肩关节处拉动收紧，右手用力下拉，迫使对手手腕轻擦地面向下移动，同时右前臂顺势向上抬，从而针对其左侧肩关节形成反向扭转压力，形成降服。（图 2－88）

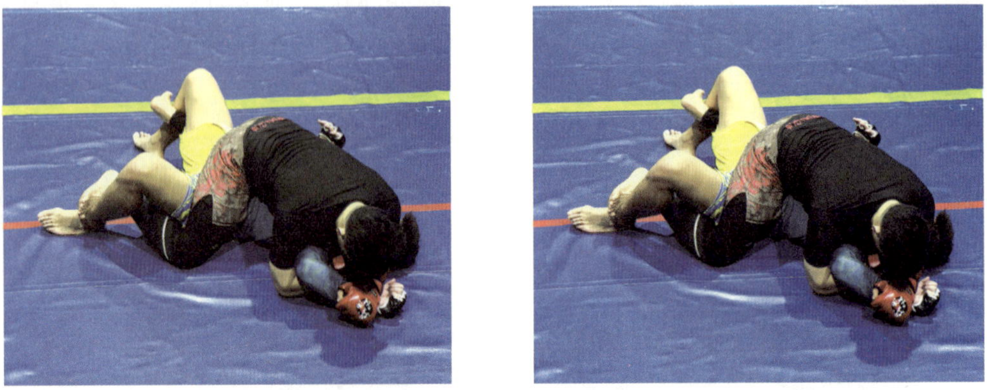

图2－88　骑乘位置的腕缄

（2）动作要点

选手身体前俯的瞬间，一定要双脚勾住对手双腿内侧，缠绕住对手的双腿，以防止对手翻滚逃脱。在牢牢控制对手的基础上，左手用力向对手肩关节处拉动收紧，同时右手用力下拉，至对手关节锁扣完全后，右前臂顺势向上抬。动作要连贯，身体协调用力。

2. 侧面位置的腕缄

（1）动作过程

在地面打斗过程中，选手取得侧面的优势位置。在牢牢控制对手的基础上，选手上体重心略上移，以左侧腰肋部压制住对手躯干的同时，身体及手臂协同用力将对手左手臂下压至其身体和头部的左侧，使其手臂和掌心朝上压在地面上。动作不停，右臂借助身体前压的力量持续下压，手心朝下，左肘关节顶住对手头部左侧，在右手牢牢扣压住对手左手腕部的同时，右手臂掌心向下从对手左上臂下方穿过；之后，从上向下牢牢扣按住自己的左手腕，双手协同用力，将对手左臂锁定。紧接着，右手用力向对手肩关节处拉动收紧，左手用力下拉，迫使对手手腕轻擦地面向下移动，同时左前臂顺势向上抬，从而针对其右侧肩关节形成反向扭转压力，形成降服。（图2－89）

（2）动作要点

在实施降服技时，选手在牢牢控制对手的基础上，用身体及双手协同用力下压，右手用力向对手肩关节处拉动收紧，同时左手用力下拉，至对手关节锁扣完全后，左前臂顺势向上抬。如果选手上体离开对手的身体，只用两只手别，可能不会收到应有的效果。降服过程中对手的手腕和肩部都是被固定在地面上的。动作要连贯，身体协调用力。

图2－89 侧面位置的腕缄

（三） 木村锁

1. 封闭式防守位置的木村锁

（1） 动作过程

封闭式防守位置的木村锁

选手处在封闭式防守的下位时，用双脚紧紧缠绕对手的腰部，以控制其重心。在控制对手的基础上，选手伺机从内向外打开对手的双臂，迫使其双手触地，右手迅速抓住其左手腕，打开锁扣的双脚；随即，右脚蹬地推动身体向左侧虾行，臀部后移，身体向右侧拧转半坐起，左臂快速绕过对手的头左侧及左臂外侧后紧紧锁扣自己的右手腕，双手协同锁扣对手左手腕。随即，左腿蹬地推动身体向右方虾行，右腿顺势跨越对手腰部控制其身体，避免对手逃脱，在此基础上选手双手与身体协同用力向斜上方推拉对手的左手臂，从而对对手的肩关节形成降服。（图2－90）

图2－90 封闭式防守位置的木村锁

(2) 动作要点

选手身体由对手身体下方辗转出来时要借助双腿的摆动，双手协同锁扣对手手腕要牢固，右腿推撑对手身体，瞬间转出，灵活宛若陀螺。转出后，右腿顺势跨越对手腰部，控制对手腰身并向下压制，避免对手逃脱。动作形成时身体的位置与对手不在一条直线上，向上、向外推拉对手手腕。动作要连贯协调，一气呵成。

2. 半封闭防守位置的木村锁

(1) 动作过程

当地面缠斗时，对手处于半封闭防守中，选手一条腿处于对手双腿环扣形成的封闭式防守中，另一条腿处于开放式状态。在对手做动作起身时，选手抓住时机，右手迅速抓住其左手腕。随即，右脚蹬地推动身体向左侧虾行，臀部后移，身体向右侧拧转，左臂快速绕过对手头的右侧及右臂外侧后，紧紧锁扣自己的右手腕。双手协同锁扣对手左手腕；随即，打开锁扣的双脚，左腿蹬地推动身体向右方虾行，双腿顺势再次锁扣对手大腿，避免对手逃脱。在此基础上，选手双手与身体协同用力向斜上方推拉对手的左手臂，可对其肩部造成巨大的伤害，从而降服对手。(图2-91)

图2-91　半封闭防守位置的木村锁

(2) 动作要点

选手右手抓对手左手腕关节时，时机一定把控好，抓住后身体旋转和右手锁关节技一定要迅速协调，同时双脚要锁扣对手的一条腿。动作要果断、迅速，手和腿之间的配合要协调。

四、绞　技

（一） 断头台

1. 动作过程

选手处在封闭式防守的下位，用双脚紧紧缠绕对手的腰部，以控制其重心。在控制对手的基础上，选手用手臂推对手头、面部，同时打开锁扣的双脚；随即，右脚蹬地推动身体向左侧虾行，臀部略后移，身体向右侧拧转；随即，左臂快速绕过对手的脑后，屈肘圈揽住对手脖颈；随即，上体后仰，左臂屈肘夹紧，以前臂桡骨为力点勒紧对手咽喉，左右手紧紧锁扣；双脚再次紧紧锁扣对手腰部，双手协同用力，一并用力向怀中拉扯，身体向左侧拧转，迫使对手脖颈弯曲；大腿用力向后蹬压对手腰身外侧，针对其脖颈实施断头台降服。（图 2－92）

断头台

图 2－92　断头台

2. 动作要点

选手臀部略后移，身体向右侧拧转，为断头台技术提供施展空间。双手协同用力，身体向左侧拧转，大腿用力向后蹬压对手腰身外侧，一系列发力动作同时进行，共同对其颈部施加压力，针对其脖颈实施断头台降服。

（二） 三角绞

1. 动作过程

选手处在封闭式防守的下位，用双脚紧紧缠绕对手的腰部，以控制对手重心。在控制对手的基础上，选手伺机抓握对手左手腕并推向其腹部。之后，迅速打开锁扣的双脚，右腿顺势从其身体左侧跨至左肩上方并迅速搭扣双脚，此时，选手双脚呈菱形与对手缠绕；随即，选手向上

三角绞

挺髋展腰，借助身体重心的作用迅速向下回拉，迫使对手前俯于选手胸前；之后，选手双手或单手与大腿共同协作控制对手头部。在此基础上，选手左腿蹬地向右虾行，使得自己的身体与对手的身体约呈直角，臀部向左侧外展，迅速将自己的左腿膝关节与右腿脚踝锁扣。若对手手臂在选手左侧，可向上挺髋将其推拉至右侧；随即，收腿压腿，双手向下搂压对手头部，形成三角绞降服对手。（图2－93）

图2－93　三角绞

2. 动作要点

选手双脚菱形与对手缠绕时，要向上挺髋展腰，借助身体重心的作用迫使对手前俯。之后，要用双手或单手与大腿共同协作牢牢控制对手的上体。收腿压腿，双手向下搂压对手的头部，身体协同用力降服对手。动作要连贯协调，一气呵成。

（三）裸　绞

1. 动作过程

双方在地面缠斗过程中，选手应抓住机会，转至对手背后控制对手，使其处于被动局面。呈伸腿坐立姿势，选手坐于对手背后，其双腿控制对手的双腿，处于背后骑乘状态。选手左臂自对手腋下穿过，右臂屈肘，快速由对手右侧脖颈下方绕过，紧紧勾锁住其脖颈、咽喉部位，双手在对手胸前以“安全带”式紧紧锁扣，占据优势位置。出于防守，对手用双手用力拉扯选手的右手臂。当发动进攻时，选手双手反抓对手的左手臂用力向下拉扯；之后，在右手用力控制其左手臂的基础上，左手趁机抽出置于对手左肩；随即，左手掌向上、右手掌向下，双手搭扣，左臂屈肘下压对方肩部，右手顺势扣抓自己左臂的肱二头肌的位置。动作不停，左手顺势扣按对手的头部，然后，身体重心稍向下沉，双臂同时收拢，一并发力夹紧，左手对对手的头后部用力压；身体协同用力，针对对手的脖颈实施绞技，瞬间即可导致对手窒息、昏厥。（图2－94）

背后裸绞

图2－94　裸　绞

2. 动作要点

选手在控制对手身体和手臂的基础上实施裸绞。裸绞初步形成时，左手掌向上、右手掌向下，双手搭扣，不要反向。裸绞时，双臂同时收拢，并按压对手的后脑，身体协同用力。

思考题

1. 综合格斗的站立打击技术有哪些？它们与其他单纯打击类搏击项目的技术有什么不同？
2. 综合格斗的摔技有哪些？它们与其他单纯缠斗类项目的技术有什么不同？
3. 综合格斗打击技和缠斗技各有什么不同的表现特点？
4. 地面缠斗中一般有哪些位置？处于这些位置的上位和下位各有什么优缺点？
5. 综合格斗比赛中常用的关节技和绞技各有哪些？
6. 地面降服对手的一般步骤是什么？举例说明。

参考文献

［1］张海．风靡世界的综合格斗运动［M］．太原：山西科学技术出版社，2015.

［2］毛智和，黄恩华．国际综合格斗概论［M］．北京：北京大学出版社，2018.

［3］霍鹏翔．现代拳击教程（高等教育体育专业通用教材）［M］．北京：北京体育大学出版社，2017.

［4］维尔．荷兰式泰拳［M］．王政，吴晓蕊，译．太原：山西科学技术出版社，2016.

［5］李俊峰，等．中国武术综合格斗项目的开发建设．北京体育大学自主课题，2015.

［6］全国体育院校教材委员会审定，《中国武术教程》编写委员会．中国武术教程［M］．北京：人民体育出版社，2004.

［7］张成明，李俊峰，李延亭．散打摔法的分类及运用研究［J］．北京体育大学学报，2010，33(12)：117－119.

第三章　综合格斗教学

本章教学提示

1. 综合格斗教学应遵循安全性原则、直观性原则、教师主导性和学生主动性相结合原则、循序渐进原则、因材施教原则和巩固性原则。

2. 综合格斗的教学阶段可分为初步建型阶段（泛化阶段）、配合运用阶段（分化阶段）和实战提高阶段（巩固和自动化阶段）。

3. 一堂综合格斗教学课一般可分为准备部分、基本部分和结束部分。

综合格斗教学和其他体育项目一样，既有体育的特点又有教学的性质。因此，综合格斗教学必须以教育学和体育理论为指导，遵循运动技能形成的规律和人体机能活动变化的规律。综合格斗教学除具有体育教学的共性特点（即有目的、有计划地向学生传授各种技术技能，将身体的反复练习与思维活动相结合，使学生掌握这些技能）外，还在教学实践中形成了自己的教学特点、适合本项目特点的教学阶段与步骤及独特的教学方法与手段等。

第一节　综合格斗教学原则

综合格斗教学原则是指对综合格斗教学实践经验的总结，反映综合格斗教学活动的一般规律。它是教学工作必须遵循的基本要求，运用好教学原则对教学训练具有较为直接的现实意义。综合格斗是一项激烈的对抗性运动，只有明确综合格斗教学的基本特点，遵循综合格斗教学的独特规律，才能不断提高综合格斗教学的质量。

一、安全性原则

对于任何一项体育运动而言，“尊重人的生命，确保安全的原则”都应是首要考虑和遵循的原则。安全性原则是指在综合格斗教学活动过程中，要确保学习者不出现运动伤害事故。这是综合格斗教学的重要原则。所有参与综合格斗运动的全过程，不同年龄、不同性别和不同身体机能状况的人，都应遵循安全性的原则，“安全第一”。尤其是青少年喜欢参加各种体育运动，特别是喜欢参加一些对抗性较强的运动，这符合青少年活泼好动的特点，也促进他们的生长发育，使其养成良好的运动习惯。正是由于青少年的身心特点，如果训练时不注意安全，往往会造成运动损伤，从而影响其对综合格斗的兴趣和运动竞技水平的进一步提高。为贯彻安全性原则，首先，教师在课前要充分研究教材，备好课，要结合学生的特点，充分预测可能存在的危险，防患于未然；其次，教学中，要严谨科学地安排教学设计，要合理、充分地组织准备活动，要教会学生如何做好自我保护与互相保护，要合理选择教学方法和手段，严格课堂纪律，尤其在对抗练习时要做好防护，如严格对抗的条件、穿戴必要的护具等；最后，要经常对学生进行安全教育，让学生了解综合格斗运动的安全知识，掌握预防运动损伤的相关知识和技能等。

二、直观性原则

直观性原则是指在教学中让学生尽量利用视觉、听觉、触觉，通过感知而获得生动、鲜明的表象，丰富学生的感性认识和直接经验，加深对所学知识、技术和战术的认识，发展学生的思维能力，从而获得运动技能。贯彻直观性原则时，应利用完整示范、分解示范、正面示范、侧面示范、背面示范、正误对比示范、边讲解边示范等不同的示范方法，建立完整的动作概念；应运用讲解、口令、提示、要求、指示、比喻、提问等语言进行启发式教学，加深学生对内容的理解；积极运用现代多媒体手段进行教学，如即时通信软件、幻灯片、录像等，使学生建立完整的动作概念和正确的技术动作表象。

三、教师主导性和学生主动性相结合原则

综合格斗教学实质上就是教师的教和学生的学的过程。教学中既要发挥教师的主导作用，又要发挥学生的主动性，并把两者有机地结合起来，只有这样，才能充分发挥学生和教师的积极性，圆满完成教学任务。教师发挥主导作用，是指教学的方案、内容、方法和组织都要由教师来设计和决定。教师在教学过程中，应充分发挥其自身的积极性和创造性，根据自己对综合格斗的理解和亲身体验，运用科学的教学方法，使学生尽快掌握综合格斗的基本知识和技能。教师不仅要指导学生独立思考、自主学习，而且在大多数情况下还要言传身教和启发教育，明确学习综合格斗的目的，提高练习综合格斗的兴趣，引导学生认真主动地进行学习和练习。学生作为认识和发展的主体，要明确学习的目的，不断培养终身体育的意识，积极主动而不是消极被动地学习；教师应以表扬和鼓励为主，运用表扬与批评相结合的教育方法，使学生把所学知识和技能转化为自己的能力，对所学的内容真正理解和善于运用。

四、循序渐进原则

循序渐进原则是指按照科学的逻辑系统和学生认识规律进行教学，使学生一步一个脚印，系统、有效地掌握知识、技术和技能。贯彻循序渐进原则时，要遵循教学大纲和教科书的逻辑系统进行教学，要从学生原有水平出发，由浅入深，由易到难，由简到繁，通过日积月累，逐步掌握格斗技能。综合格斗的技术方法是多种多样的，在教授学生学习时，要根据学生的具体情况和目的需要，由简单易学和基础性技术开始，逐渐向综合和高难度过渡。循序渐进原则要贯彻到教学工作的各个环节中去，从教材到每节课的组织实施都要精心安排，包括每节课的教学内容、练习方法和运动负荷等，并要注意技术与技术、技术与战术、理论与技术的有机联系。由于技术的难度和人的接受能力的差异，不同的教学对象对教学内容的理解不同，在贯彻循序渐进原则时，要防止机械化、形式化。在教学过程中要随时观察和了解学生掌握的情况，及时调整不合适的教学内容和方法。

五、因材施教原则

因材施教原则是指教师要从学生的实际情况、个别差异出发，有的放矢地进行有差别

的教学，使每个学生都尽可能地扬长避短，获得最佳的教学效果。学生的个体差异是客观存在的，这就要求教学中要恰当处理好集中教学和区别对待的关系。贯彻因材施教原则时，应深入调查，全面了解。首先，要了解学生的接受能力、智力水平、学习态度、思想作风等。其次，要了解学生的个性特点、身体素质、专项基础水平、心理状态、兴趣爱好与特长以及不足之处等，从实际出发，有针对性地教学，使每个学生都能得到应有的发展。如对身体条件好、接受能力强、主动性高的学生，应增加教学内容和提高练习要求，而对身体条件较差、接受能力较差的学生，就要安排较简单、较容易掌握的技术，给他们逐步增加学习内容和加强个别辅导，最终达到学习目的。再次，要根据教学的任务、内容、条件等，针对大众的共性和个性特点选择适当的组织形式和适宜的教学方法，使学生在全面发展的前提下，可以重点发展各自的优势特长，使每个学生尽可能都得到最好的发展。

六、巩固性原则

巩固性原则是指在教学中要引导学生在理解的基础上牢固地掌握知识和技能，长久地保持在记忆中，能根据需要迅速再现出来，以利于知识技能的运用。巩固知识、技能的主要方法是复习和练习。即使是最简单的直拳进攻头部技术，如果不进行反复练习，就不能在条件实战中很好地运用。复习、练习的形式应多种多样，并且要富于变化，简单重复地复习已经学过的知识、技能是必要的，但更重要的是运用已经学过的知识和技能，来提高新的技术或解决实际问题，使知识和技能在反复练习中达到新的高度，使运动技术水平达到熟练和自动化程度，形成牢固的技术定型。

第二节　综合格斗教学的阶段和步骤

一、综合格斗教学阶段的划分

教学过程是学生在教师的组织和指导下，通过教学活动掌握知识、技术和技能的过程。综合格斗的激烈对抗性，决定了综合格斗教学必须从实战出发，使初学者在反复实践中掌握和提高技能。综合格斗教学可分为以下三个阶段。

（一）初步建型阶段（泛化阶段）

刚开始接触综合格斗的学生学习的主要生理特点是大脑皮质兴奋过程扩散，处于泛化阶段。这一阶段的主要任务是使学生对动作有初步的了解，取得感性认识，粗略地掌握动作。对一个新的技术内容，通过教师的示范、讲解等，先形成一个粗略的概念，并在教师的指导下进行练习，初步形成有关动作的表象。

在这一阶段，学生大脑皮质的条件联系处于泛化阶段，学生尚没有形成完整的动力定型，动作表现紧张不协调，容易出现多余动作等。这时应根据教材的内容和学生的实际水平，多运用形象化的教学手段，示范和讲解相结合进行教学，使学生通过反复的练习，建立起正确的动作感觉。还可利用电化教学、观摩等手段，使学生准确掌握技术动作。初期教学时应注意让学生多模仿、多体会，建立起肌肉感觉。讲解时要有针对性，要准确、形象，抓住重点技术启发学生积极思维，使学生逐步理解和掌握所学的技术动作。在学生初步掌握综合格斗基本技术的基础上，要组织学生进行反复练习，可以利用沙袋和手靶等辅助练习器具，适当增加击打力度，逐渐提高击打动作的速度和力量，使学生形成正确的技术动作概念。此后，可以适当安排攻防技术的配合练习，体会对抗条件下运用技术动作的能力，使学生在对抗过程中掌握动作，理解动作的真正含义。因此，在此阶段，教师在教学过程中不应过多地强调动作细节，应抓住动作的主要环节和学生在掌握动作中出现的主要问题进行教学。讲解要简练，示范要正确，要从不同部位、不同方向，让学生看清动作的起止路线、动作力点、击打部位等，达到初步掌握动作的目的。如学习直拳时，抓住动作的主要环节进行集中练习，暂时对步法、重心移动等动作细节不做要求，等学生反复练习而基本掌握直拳时，再对其各个环节提出要求并进行巩固提高练习。

（二） 配合运用阶段（分化阶段）

此阶段在综合格斗教学中占有重要的地位。此阶段主要的教学任务就是在初步掌握技术动作的基础上，不断巩固提高，让学生进一步掌握技术的细节，提高动作的协调性，提高练习质量，加强有条件实战的目的性，巩固已建立起来的动力定型，并在教师的指导下，通过两人在一定条件限制下进行配合练习，不断提高对技术动作的运用能力，包括对时机、距离、空间的判断能力、应变能力等，逐步培养进攻、防守和反击的实战意识。此阶段要求学生在配合进行的有条件实战和其他攻防性练习中，能够自如地运用动作，并且准确、有效地完成技术动作，从而达到改进提高的目的。

在不断练习的过程中，初学者对运动技能的内在规律有了初步的了解，一些不协调和多余的动作也逐渐消除。这时大脑皮质的条件联系由泛化阶段进入到分化阶段，大部分错误动作得到纠正，能比较顺利地、连贯地完成动作技术，初步建立了正确的动作定型；但定型尚不巩固，遇到新异刺激时，多余动作和错误动作可能重新出现。因此，教师在教学中应抓住学生存在的主要问题，反复强调，反复练习，对错误动作的纠正，可采用对照和综合分析的方法，帮助学生体会动作细节，促进分化抑制的进一步发展，使动作日趋准确，并结合技术分析，提高对技术动作的理性认识。

这一阶段的教学应同前一阶段有所区别，要随时利用综合格斗术语提示或提醒学生，严格按照动作的规格和要求完成动作。对于练习中出现的任何问题和错误，一定要立即指出、指正，通过科学讲解动作要领，分析技术要点，找出错误原因，并启发学生自觉纠正错误动作。这样一来，不仅使学生掌握了正确的技术，而且也培养了学生的观察分析能力，从而提高技术动作的质量。

在此阶段教师可以提高或增大配合练习的难度，如运用可以变化的、活动的手靶等手段进行练习，也可以通过增大运动量或运动强度来强化学生掌握、运用技术的能力。总之，可以要求学生在一定难度下练习技术动作，进一步巩固技术动作的技术定型，从而提高综合格斗基本技术的配合运用能力，逐步向条件实战以及实战过渡。

（三） 实战提高阶段 （巩固和自动化阶段）

在实战提高阶段，学生通过进一步的反复练习，已经建立的条件反射不断巩固，建立了良好的动力定型，大脑皮质的兴奋和抑制在时间和空间上更加集中和精确。这时学生不论是自己突击还是辅助练习，都准确自如，而且在对抗性练习中，也能有效地完成动作，不仅动作准确、熟练，有较好的协调性、连贯性，而且随着运动技能的巩固和发展，动作可出现自动化现象。这对综合格斗技击是非常重要的。赛场瞬息万变，动作的自动化可使第二信号系统的活动摆脱第一信号系统的束缚，专注于战略、战术的变化，及时捕捉战机。

这一阶段主要是学生通过各种攻防练习以及条件实战和实战的形式，进一步提高动作的稳定性和自动化程度，提高动作运用的实效性，在对抗中进一步熟练运用和发挥技术，以培养在各种条件下运用动作的应变能力。此阶段要把基本技术的练习同组合技术的练习紧密地结合起来，从而强化实战时的本体感觉，提高运用技术的质量，提高动作的准确性和实战效果。对于组合技法的学习和运用，学生要从技术规律、连接规律和实战效果上深刻理解，掌握组合技法的运用和变化技巧，从根本上弄清组合技法的攻防意图和变化规律，提高实战效果。练习中如发现学生有错误的技术动作，一定要及时、彻底地纠正，以免形成错误的动力定型。在教学中教师可根据不同的教学意图和目的，有针对性地采用不同的个体配对实战，如按不同的体重级别、不同的技术状况进行配对，使学生尽快熟练掌握技术和提高运用质量。

值得注意的是，在动力定型达到一定程度后，学生仍要继续强化练习，使动力定型更加巩固，否则巩固了的动力定型还会消退。在此过程中，教师应对学生提出更高层次的要求，加深理性认识，对动作要精益求精。

在综合格斗教学中，运动技能的形成过程并不是截然分开的，而是逐渐过渡的，各过程的出现和持续时间的长短，受许多因素的影响，既与教学方法、训练水平有密切关系，又与学生学习的积极性和目的性有密切关系。教师要善于在学生掌握动作技能形成的不同阶段，选择和采取有针对性的教法和练习手段，促使运动技能尽早形成。

二、综合格斗教学的步骤

（一） 学会动作

学生应在教师的指导下初步学会动作，对动作的运行路线、发力顺序、动作要点等有感性的认识。这时学生的条件反射刚刚建立，尚不巩固，教师在教学中不要过多地强调动作细节，要抓住技术的关键，多运用示范、讲解等方法帮助学生对技术动作有初步的体会。

（二） 强化体会技术要领及用力技巧

在初步掌握动作之后，教师要引导学生认真体会动作要点和用力技巧，消除多余动作，帮助学生不断改进动作细节，尽量避免动作的预兆，使动作做得更加协调、完整和准确，并通过反复练习，不断强调攻防意识，强化条件反射。

（三） 配合运用

在初步建立正确的动力定型之后，为了达到进一步强化和巩固的目的，可有针对性地采用两人配合练习。配合练习要根据不同的教学阶段和目的，提出不同的条件限制，从单个技术到组合技术、从单一战术到复合战术的运用，包括用力的大小、速度的快慢等一定要适度，一定要符合学生的能力和水平，循序渐进。任何过高或过低的条件限制都不会达到最佳的教学效果。

（四） 条件实战

在对动作有了一定的理解和掌握之后，可在一定的条件限制下进行两人实战练习。在条件实战中，要根据学生的实际情况和练习的目的选择相应的实战内容。在不同的条件下，培养学生对不同的技术、战术的理解和运用能力，对距离、时机、空间的精确感觉和把握能力，以及在综合格斗实战中特有的应变能力，进而为学生完全过渡到实战阶段打下良好的基础。

（五） 实 战

实战是技术学习的最高阶段。只有通过实战，才能真正检验动作的质量和教学效果。实战可以不断锤炼对技术动作的把握程度和运用能力。在实战中，教师要引导学生学会自我分析和提高总结的能力，找出不足，不断提高实战技能。

第三节 综合格斗教学的方法与练习形式

一、教学方法

（一） 示范教学法

示范是学生通过视觉感知接受技术的最生动具体的方法，在综合格斗教学中尤为重要。它是教师（或指定的学生）以自身完成的动作作为教学的范例，用以指导学生学习经常采用的方法。通过技术动作的示范，学生可形象地了解所学动作的结构特征、技术要领和完成技巧等，从而较快地建立动作表象。协调优美的示范还能进一步激发学生学习的兴趣。对示范的要求主要有以下几点。

1. 示范要正确、熟练

教师在做示范时要切实保证动作的质量，做到协调、流畅，从动作的路线、发力到身体的配合等都要准确无误。

2. 示范要有针对性

首先要针对学生的实际情况做示范，其次要根据不同的教学阶段和目的进行示范。

3. 示范方法要多样

根据学生的实际情况和教学的目的要求，教师灵活选择相应的示范方法。如对简单的动作和基础较好的学生，可采用完整示范；对复杂的动作和基础不好的学生，可采用分解示范；为了便于观察，可采用慢动作快示范、快动作慢示范；为了加深对正确动作与错误动作的认识，可采用两种动作的对比示范等。

4. 示范要有利于学生观察

教师（或指定的学生）的示范应以全体学生都能看得到为原则，灵活选择和运用不同的示范位置和示范面。

5. 示范要与讲解相结合

示范常常结合讲解进行。有的先讲解后示范，或先示范后讲解，或边讲解边示范，两者互为补充，相得益彰。

（二）讲解教学法

讲解是综合格斗教学中运用语言法的一种主要的也是普遍采用的形式。它主要是指教师用语言向学生说明教学任务、动作名称和作用，完成动作的要领、方法、要求等。教师通过语言指导学生进行学习，使学生掌握动作技术技能，同时也使其获得有关的综合格斗知识。

1. 讲解教学法的主要内容

（1）动作名称及规格要求，包括运行路线、发力要点及对身体各部位的要求等。

（2）动作的攻防作用、击打力点和部位及在实战中的运用价值等。

（3）动作的易犯错误。

（4）相关的练习方法等。

2. 讲解教学法的要求

（1）讲解要简明扼要，要点突出，逻辑性强。语言要生动形象，富有启发性。

（2）讲解应根据不同的教学步骤有所侧重，做到有目的、有针对性地进行讲解。

（3）讲解与示范要有机结合，充分发挥学习者的视觉、听觉等多种感觉的综合功能。

（三）完整教学法

完整教学法是从动作开始到结束，不分部分和段落，完整而连续地进行教学和练习的方法。完整教学法的优点是能保持动作结构的完整性，易于形成动作技术的整体概念和动作间的联系；缺点是不易较快地掌握动作中较难的环节和要素。一般来说，较简单的容易掌握的动作和不易分解的动作可多采用完整教学法。另外，对基础较好的学生采用这种方法较多。对完整教学法的要求有以下几点。

1. 突出教学重点

在进行完整教学时，要做到重点突出，科学把握动作的快慢。

2. 适度降低动作质量

学生在初学时往往不易高质量地完成动作，这时教师可适当降低要求，待学生有了一定的基础后再逐渐提高动作质量，以利于学生更早地建立条件反射。

3. 结合分解练习法

对于复杂的动作常常先进行分解练习，待学生对动作的各个要素运用比较熟练时，再将它们组合在一起进行完整练习。

（四） 分解教学法

分解教学法是从掌握完整动作出发，把完整的动作按其技术结构分成几段或按身体的活动部位分成几部分进行的教学和练习，最后达到完整地掌握动作的方法。分解教学法适用于动作较复杂而又可分解，但用完整法又不易掌握的动作，或动作的某部分需要较细致地学习时采用。对分解教学法的要求有以下几点。

1. 划分动作的段落或部分时要易于连接完成

划分动作要遵从人体的运动规律、动作的结构特征，使得动作易于衔接和连贯。

2. 讲明动作要点与相互关系

在进行动作划分时，要对学生讲明各个段落或部分的动作要点，以及它们之间的相互关系。

3. 尽快与完整教学法结合使用

在综合格斗教学中不宜将动作分解得过于破碎或较长时间地进行分解练习，当学生通过分解练习初步掌握动作后，应尽快向完整动作过渡，否则不利于动作的连贯性。分解教学法常与完整教学法有机结合使用。

（五） 模拟教学法

模拟教学法是根据学生的实际情况，有针对性地模拟实战中所表现的技术、战术状况及场景气氛等，以不断提高学生对技术在实战中的运用能力，并且不断提高学生心理的承受能力。其主要内容有：模拟主动进攻的技术、战术；模拟防守的技术、战术；模拟防守反击的技术、战术；模拟各种不同类型打法的具体的技术、战术；模拟比赛的场景气氛等。对模拟教学法的要求有以下两点。

（1）模拟要有针对性。模拟时要根据教学的目的和动作的要求，有针对性地进行练习。

（2）模拟要逼真。

（六）预防和纠正错误动作法

预防和纠正错误动作法是教师为了防止和纠正学生在练习中出现的错误而采用的方法。在综合格斗教学中，错误动作的出现是不可避免的。但是，一旦让错误的动作形成动力定型就可能要付出更多的精力去纠正。因此，及时对错误动作进行预防和纠正是至关重要的。首先应分析产生错误的原因，然后根据错误的主要原因，选用合适的方法予以预防和纠正。

1. 产生错误的主要原因

（1）对技术的正确概念尚未清楚。

（2）身体素质较差，协调性不好。

（3）学生的心理承受力差。

（4）组织教法不当。

另外，如学生在疲劳的情况下进行练习、环境的干扰等都可能会导致错误动作的发生。

2. 纠正错误的方法

（1）提高动作示范和讲解的质量，使学生建立正确的动作概念；明确完成动作的顺序、要领和要求；明确动作的关键；建立清晰的动作表象；善于利用各种诱导性练习、转移性练习和启发性语言来预防和纠正错误动作。

（2）根据学生的实际情况，可适当地降低动作的要求，进行一些专项素质练习，选择辅助性的练习手段进行过渡性练习等。

（3）进行对抗性练习或难度较大的练习时，学生可能会因惧怕心理而产生紧张情绪，为此教师要积极进行诱导，降低对抗的节奏和难度，采用各种辅助练习等消除学生的惧怕心理。

（4）根据动作技能的形成规律，认真钻研教材教法，合理安排教学过程，同时全面细致地了解学生，并根据错误性质有针对性地采用切合实际的教法。

（5）合理安排负荷，避免疲劳的发生。排除环境的干扰，采用暗示、转移等方法集中学生的注意力，提高学生的自控能力，克服不良因素的影响。

3. 预防和纠正错误动作法的要求

（1）要抓住主要矛盾，纠正主要错误动作。

（2）纠正错误动作时要讲明其中的道理，循循善诱。

（3）及时进行强化训练，巩固正确的条件反射。

二、练习形式

学生在初步学会动作之后，技术的运用尚不够熟练，这就需要学生在教师的指导下进行反复练习，以逐渐形成正确的动力定型和技能的自动化。在综合格斗教学中通常采用的组织练习形式有集体练习、分组练习、双人练习和单人练习。

（一）集体练习

集体练习是在教师（或指定的学生）领做或口令指挥的提示下集体进行的练习。领做也是示范的一种形式，要注意示范面和示范位置的合理选择。口令指挥要短促、洪亮，节奏要处理得当，口令之间也可穿插简明扼要的讲解提示。对于错误动作要及时提醒和纠正。

集体练习的优点：便于教师整体观察，了解全貌，抓重点，抓规律，有利于学生形成正确的动力定型，有利于教师根据教学目的灵活掌握运动量。另外，集体练习还有助于培养学生的集体主义精神。

（二）分组练习

分组练习是根据实际情况将学生分成若干组进行的练习。分组练习可依靠学生骨干或由组内的学生轮换指挥进行练习。分组练习应鼓励学生在组内对技术动作进行研究分析，互教互学，各组间也可互相学习交流，充分发挥他们的主观能动性。在进行分组练习时，教师要注意统揽全局，抓住共性，分别辅导，督促各组保质保量地完成任务。

分组练习的优点：充分发挥技术骨干的作用，当好“助理教师”，对技术较差的学生进行具体的帮助和指导；充分培养小组长（可轮流担任）的组织、指挥能力；有利于培养团队精神和互帮互助的良好学风。

（三）双人练习

双人练习是综合格斗教学中重要的练习形式之一，也是教学中经常采用的方法。采用双人练习要在教师的指导下结合课程目的、任务有针对性地安排。双人练习要求双方都能积极有效地配合，取长补短，互相帮助，不断提高技术、战术水平。

双人练习的优点：在形式上更加符合综合格斗实战的特点，包括对时间、距离、空间的判断能力等，有利于运动技能的快速形成；有利于互相帮助、互相学习；有利于各自技术、战术特点的形成。

（四）单人练习

单人练习是由学生独立进行练习的方法。在进行单人练习时，学生可仔细体会技术动作的发力要领、动作路线等，并可根据自身的实际情况有目的地进行练习；教师要注意观察，对不同的学生进行个别辅导。

单人练习的优点：能充分地培养和发挥个人的思维能力，积极调动主观能动性；个人能自主地调节运动节奏和负荷强度；有利于个性化的发展。

第四节 综合格斗教学课的任务、结构与教案

一、综合格斗教学课的任务

综合格斗教学课的任务是由本课程的教学进度所决定的。对教学课的任务的提出，要符合体育教学的一般规律和综合格斗技能形成的特点，要针对学生的基础和能力，切实可行。如果任务要求过高，学生容易失去信心，甚至形成空话；如果任务要求过低，则不能激发学生的积极性，达不到应有的教学效果。

二、综合格斗教学课的结构

教学课的结构是指组成一堂课的几个部分，以及各个部分的教学内容、组织教法、时间与量的安排等。根据人体机能活动变化的规律，一堂综合格斗教学课一般可分为准备部分、基本部分和结束部分（也有把准备部分细分为开始部分和准备部分）。各个部分都有各自的主要任务、内容、组织教法与形式。

（一）准备部分

准备部分主要是进行准备活动。准备活动的内容可分为一般性准备活动和专门性准备活动。一般性准备活动通常是走跑练习、徒手体操（或武术操）以及活动量较小的一般性游戏练习，使全身各主要肌肉群、关节、韧带都得到充分活动；专门性准备活动主要采用与基本部分的内容相类似的练习，或者安排一些综合格斗中起基础性作用的基本功、基本动作进行练习，使身体各肌肉群、关节、韧带、器官以及各主要系统的机能做好充分的准备活动。

准备活动的组织方法一般采用集体练习的形式，亦可分排、分组或个人分散进行。队列、队形可根据具体情况灵活变化。活动的内容应由静到动，由小到大，由简单到复杂，由局部到全部，要使身体有逐渐适应的过程。准备活动的时间一般占全课的20% ~25% 。

（二）基本部分

基本部分是整个教学课的重点，也是能否完成教学任务的关键。安排的时间一般占全课的65% ~70% 。

基本部分的内容首先要考虑安排的顺序问题。一般来说，重点的教学和复习内容应安排在身体充分活动以后，身体机能正处于最佳状态时进行。学生此时的精力集中、体力充沛，能确保达到最佳的教学效果。为了保证练习的数量和运动负荷，采用的练习形式是至

关重要的。如集体练习，可以增加练习次数；分排练习，既可保证适宜的运动负荷，又能互相观摩学习。基本部分的组织教法，要以充分发挥教师的主导作用为主，注重调动学生的积极性，注重培养学生的组织能力、分析问题和解决问题的能力，做到教学相长，取长补短。

（三）结束部分

结束部分是有组织地结束教学活动，使学生逐渐地恢复到相对安静状态的过程。结束部分的内容应根据本课的性质选择一些逐步降低运动负荷的练习，如徒手放松练习、比较缓和的活动性游戏、一些恢复性的整理练习等。教师要进行总结和讲评本课的教学任务完成情况以及学生遵守课堂纪律状况等，有时也可布置课外作业以及预告下次课的内容等。

三、综合格斗教学课的教案

教案又称课时计划，它是根据相关培训教学大纲的要求和项目特点，根据进度规定的内容、上次课任务完成的情况，以及学生的具体情况而编写的对一堂课设计的具体教学方案，是落实课程目标的最基本、最重要的教学文件之一。

编写教案就是运用一定的格式和要求，把一节课的教学设计用书面语言的形式表达出来，也是把教学设计中所考虑的多种教学活动设想，经过进一步地推敲，使之条理化、科学化，明确地体现于教案文字之中。由于综合格斗教学不仅过程复杂，而且还要受到场地、器材等客观环境的影响，任何一个环节的疏忽，都可能影响教学目标的顺利实现。因此，编写尽可能完善的教案，是上好课的重要保证，也是对每一名教师的基本要求，同时也是开展综合格斗教学活动的基本依据。此外，编写教案也是提高教师的思想、业务水平和教学技巧的一项有效措施，是检查与评价授课质量的依据之一。

（一）制定教案的依据

1. 教学进度

每次课教案的教学内容，就是教学进度中对当次课规定的主要新授内容和（或）复习内容。制定综合格斗教案首先要依据综合格斗教学进度所确定的教学目标，认真落实教学进度中规定的每次课的教学内容。

2. 教学条件

综合格斗对于教学场地、器材等有一定要求。综合格斗技法丰富，对于不同类别的综合格斗技术教学来说，需要的场地、器材也不完全一样。同时，教学场地的大小、多少，室内或是室外场地，有何种器械、用具等，这些都应是编写教案时选择练习方法、安排组织教法必须考虑的因素。

3. 教学对象

在编写综合格斗教案的过程中，教学对象的技术技能水平、人数、性别等都是撰写教案时必须考虑的因素。编写时要根据不同的教学对象，确定选择主要教材的学习或练习方法、次要教材的学习和练习程度、是否安排介绍性内容、如何组织教学等。

4. 上次课任务完成情况

综合格斗教学课的教案的撰写必须前后连贯、衔接，才能保证课程教学目标的实现。尤其是主要教材内容，若前一次课的主要教学内容完成情况不理想，本次课必须安排必要的时间继续完成，否则就有可能影响后续教学内容的学习和掌握。

（二） 教案的基本结构

教案就是对一节教学课的具体计划。教学课一般的结构由准备部分、基本部分和结束部分构成，教案也应根据这三个部分撰写。它具体包括课的任务和要求，各部分教学内容的安排，各项教学内容的顺序，教学步骤，练习方法，练习的次数、组数，课时分配，组织教法等。

教案的格式和写法是多种多样的，概括起来主要有文字叙述式和表格式两种。文字叙述式教案一般按课的顺序依次书写，这种教案书写比较容易，但不如表格式教案清晰明了；表格式教案一般按表格规定的内容填写，一目了然，既便于自己看，也便于别人检查，但书写比较复杂。不管采用何种教案格式，都应以科学、实用、规范、便于指导教学为原则。

1. 准备部分

准备部分是综合格斗课堂教学结构的重要环节。从某种意义上说，一堂综合格斗课开始部分质量的高低在一定程度上直接影响本节课的效果，因此，课的准备部分就显得格外重要。准备部分的主要任务是使学生在身体、心理、生理等诸方面做好充分准备。科学合理的准备活动可以有效引起学生的注意，激发其学习兴趣，并通过积极的身体准备活动，使全身各主要肌肉群、关节、韧带以及各主要系统的机能做好充分的准备，为正式进行学习打下良好的基础。

课堂的开始导入的语言要有艺术性、启发性；准备部分的内容应注意全面性、针对性和多样化。全面性是指所采用的练习既能做好身体和心理的准备，又能有效地促进学生身体的全面发展；针对性是指根据课的主要教材来选择专门性练习，有利于学生更快地掌握所学动作；多样化是指根据课的任务和学生特点，合理变换内容与方法，以提高学生学习的兴趣和积极性。

2. 基本部分

综合格斗教学课中基本部分的目的是建立正确的动作概念，掌握动作要点，提高技术、战术应用能力，掌握综合格斗运动的基本理论。要把道德的培养、综合格斗战术意识的培养、基本技能和综合能力的培养，以及人格培养工作贯穿在其中，达到增进健康、增强体质、提高心理素质的目的。

因此，综合格斗教学课中基本部分的设计要把握大纲和教材要求，内容选择合理；教学目标落实明确、具体、规范，重点突出；教学方法和手段选择科学，运用恰当；课的组织设计恰当、严密；教学设计符合项目特征、大纲要求和学生实际；精心设计教学活动，灵活多变、有针对性地进行组织；有较为完善的课堂常规和监控措施；合理运用场地、器材，措施恰当；还应具有一定的应变能力，能根据实际情况及时调整。

3. 结束部分

课堂的结束部分是综合格斗教学过程中必不可少的组成部分，是学生身体活动和学习过程中的必要环节，其主要目的是通过有组织的教学活动，使学生的身体机能恢复到相对安静状态。课堂结束是否恰到好处和合理，也是衡量一堂课是否圆满完成既定目标的一个重要标志。积极有效的结束活动，不仅可以消除疲劳，恢复机体新活力，还可以归纳总结、掌握和提升对所学知识的认识，并对照目标，反馈评价，也是教书育人的重要环节。

课堂的结束部分要有针对性，归纳总结要简明扼要，评价方法恰当，并注意为下一节课的学习打下良好的基础。

（三）撰写教案的注意事项

1. 明确课堂的任务

编写综合格斗教案，首先要确定课堂的任务。既要有技能方面的，还要有知识方面的；既要考虑学生的实际情况，还要考虑上次课的任务完成情况。确定的任务应该是学生经过努力能够基本完成的，而且要明确、具体，便于检查。值得说明的是，综合格斗课的任务描述要简明扼要，具有针对性，如技术、战术教材一般用“学习”“初步掌握”“改进”“熟练”“提高”等；技能和素质方面的内容一般用“培养”“加强”“促进”“发展”“增强”等。

2. 把握教材的重点和难点

根据综合格斗教学进度中当次课的主要教学内容，认真分析教材的重点和难点，以便确定综合格斗课的具体任务，合理分配时间。

3. 选择恰当的练习方法和手段

练习方法和手段的选择与运用，是在教学活动中为完成教学任务及训练任务，对训练方法和手段的选择以及综合运用。恰当、合理的方法和手段可以有效地促进动作技能的形成，提高学生的技能水平，也是实施“练什么、怎么练”的重要途径。

在综合格斗教学中，练习方法和手段的选择和运用要合理有效，符合项目特点和练习实际情况；方法和手段能够结合项目特点进行有效的创新，能有效地提高学生的综合格斗技能水平，并能够根据训练情况的变化做针对性调整。选择练习方法和手段时，要考虑将选择练习方法与学生分组，运动负荷安排，场地、器材使用等结合起来；要时刻考虑安全因素。

4. 合理安排运动负荷

运动负荷的安排是训练中实施“练多少”的重要途径，实施训练的重要环节。综合格斗练习中，负荷安排应根据学生的现实可能和人体机能的适应规律，在练习中给予相应量度的负荷。在综合格斗练习中，要能够科学处理运动量和运动强度的关系，运动量和运动强度的安排要适宜；科学地探索负荷量度的临界值、建立科学的诊断系统；负荷的安排能够根据个人情况等做针对性调整，并注意区别对待；负荷要适宜，要使得学生能够适时恢复等。

5. 确定恰当的练习形式

综合格斗是技能主导类格斗对抗性项目，因此，无论训练课还是教学课，都需要在教师的指导下进行反复练习，以逐渐形成正确的动力定型和技能的自动化。在进行综合格斗练习形式的选择上，要根据教学任务和教学内容适当安排，切实发挥学生的练习积极性，尽可能提高课堂效率。

6. 合理安排课的内容及练习之间的衔接

备课时要科学安排教学内容，把新授课内容安排在学生精力最旺盛、注意力比较集中的时候；可以先复习旧内容，再学习新内容；也可以穿插进行，或先学习新内容。同时，要考虑综合格斗运动的特点、教学内容之间的关系、技能掌握的规律和上课的时间等因素，练习之间衔接紧凑，可以减少浪费时间，提高练习密度。

7. 合理安排场地、器材

综合格斗是对抗性项目，对场地、器材有一定的要求，如训练场地、各种靶等。在备课时既要考虑充分利用场地、器材，又要保证必要的练习空间，防止出现人身伤害事故。

8. 及时做好课后小结

课后小结是每节课后教师要完成的工作，是教案的组成部分。每位教师应在课后，将本次课教学目标的完成情况、主要优缺点及改进的方面等，简明扼要地写在“课后小结”的栏目中，为今后备课和教学检查提供参考和依据。

9. 注意和避免运动损伤

由于综合格斗是激烈的对抗性项目，运动损伤时有发生，因此，尽量减少和杜绝不应有的伤害事故是综合格斗教学课中的主要任务之一。教案设计的练习要使学生明确练习的目的任务、方法和要求，无论是教学的组织还是采用的练习形式和方法，都要注意安全措施的实施，如场地、器材情况、恰当的准备活动、双人配合练习的具体要求、条件实战或实战时合理安排配对的对手等。

思考题

1. 综合格斗教学应遵循哪些原则？试举例说明。

2. 综合格斗教学可分为哪些阶段？各阶段有什么特点？

3. 请你就综合格斗某一技术、战术内容进行教学设计，撰写一份教案，使得教师能够根据此份教案完成一堂综合格斗课的教学任务。

参考文献

［1］毛振明．体育教学论（第三版）［M］．北京：高等教育出版社，2017.

［2］李俊峰．散打教学文件的制订与范例［M］．北京：北京体育大学出版社，2011.

［3］全国体育院校教材委员会审定，《中国武术教程》编写委员会．中国武术教程［M］．北京：人民体育出版社，2004.

［4］李俊峰，张成明，李杰．“武术格斗”课程的建设与实践［J］．北京体育大学学报，2015，38（3）：100－105.

第四章　综合格斗训练

本章教学提示

1. 综合格斗训练应遵循从实战出发原则、系统性原则、周期性原则、区别对待原则、适宜负荷原则、循序渐进原则和直观性原则。

2. 综合格斗训练手段主要有空击、信号、隔空、递招、打靶、跳绳、速度球、模拟、沙包、布人（假人）、条件实战和实战。

3. 综合格斗训练计划包括多年训练计划、年度训练计划、阶段训练计划、周训练计划和课训练计划。

第一节 综合格斗训练原则

综合格斗训练的原则，是综合格斗训练过程中必须遵循的准则，是综合格斗训练的客观规律在训练过程中的具体反映，是对综合格斗训练实践普遍经验的总结和概括。综合格斗训练原则来源于训练实践，反过来对训练具有指导意义。如果违背了训练原则，就会影响训练效果，甚至会适得其反。

一、从实战出发原则

综合格斗运动本身就是竞赛双方徒手搏击的对抗性项目，因此，在运动训练过程中，每一个基本动作都要从实战的需要去考虑。从实战出发原则，是指依据提高综合格斗运动员竞技能力及其运动成绩的需要，从实战出发，科学划分训练的阶段及安排训练的内容、方法、手段和负荷等因素的训练原则。遵循这一原则，可使训练更好地结合综合格斗的特点和竞技比赛的需要，提高运动训练的专项针对性、实战性和实效性，争取获得教练员和运动员都满意的竞技比赛结果。综合格斗属格斗对抗性项目，对抗性是综合格斗的本质特征，因此，技术的运用或训练都要突出对抗的特点。这种对抗性首先要求在选择技法时应根据规则的规定，并且以在对手身上产生效果为目的。另外，项目的对抗性特征还要求我们的训练不论是技术还是战术或者心理等也要符合项目的本质特性，攻防训练自然应当成为综合格斗训练的主要手段。此外，综合格斗赛场上的竞争在某种意义上就是对综合格斗发展规律、特点的认识水平的竞争，要想战胜对手首先就要认识和掌握它的本质及其制胜规律。综合格斗的特有本质决定了其制胜规律集中表现在对时空的争夺上，是一个控制与反控制的过程。在对时空的激烈争夺中，综合格斗制胜规律可以集中概括为快、准、稳、狠、变、大、控等。当然对综合格斗制胜规律的认识也不是一成不变的，需要我们根据项目特征和竞技水平的发展不断探索。在训练中就要不断探索项目的制胜规律，根据项目特点和竞技制胜的需要进行针对性训练。

二、系统性原则

综合格斗训练是一个不断提高自身机能和心智的系统过程。在这个过程中，应自始至终将不同形式、不同内容的训练，按计划、有步骤、不间断地进行系统训练和科学安排，而且这些训练是按照综合格斗运动独有的规律和普遍规律有顺序、系统地进行的。在每一个训练时期，都要做到有目的的系统训练，要坚持全年、不间断地进行综合格斗训练，使训练者受训练产生一系列适应性良好的变化，能够得到长期的积累和提高，逐渐提高训练者的身体适应能力和对综合格斗的理解和感受能力，从而提高训练者的训练水平，最后达到预期的综合格斗训练目的。

三、周期性原则

周期性原则，是指训练是以循环往复、周而复始的形式进行的，训练过程形成不同的周期。在一个训练周期中，训练的内容和要求都不相同，训练者在有计划地提高训练要求的条件下，不断积累训练成果，逐步提高身体素质、技术水平和战术水平。在综合格斗训练过程中，训练的内容、方法和手段，基本上都是反复运用的，并随着训练的深入不断增加运动负荷，逐步提高训练者各方面的机能、技术和战术水平，改善训练者的心理素质，培养优良的意志品质。当训练者的综合格斗水平有一定的提高后，又在这一基础上进一步提高训练要求，加大训练难度，继续提高综合格斗水平。经过这样周期性的反复训练和提高，逐渐把训练者的运动潜能挖掘出来，达到全面提升训练效果的目的。

四、区别对待原则

区别对待原则，是指在综合格斗训练过程中，教练员要根据训练者的个性特点和训练任务，有针对性地选择训练方法和手段，安排相应的运动负荷，根据每个人的遗传特征、机能特点和运动习惯等制订相应的训练方案。教练员要清楚地了解每一名训练者的具体情况，对自己指导学员的各方面情况要有专门档案，从开始进行训练就注意积累并掌握每一名训练者的实际情况，如训练者的性别、年龄、身体状况、个性特征、训练水平、学习和生活情况等，在全面发展的基础上，针对不同情况分别采用不同的训练方法，选择不同的手段和动作，制订不同的训练计划，以促进训练的个性、科学发展，创造理想的训练效果。

五、适宜负荷原则

运动负荷包括运动量和运动强度。适宜负荷原则，是指在综合格斗训练过程中，恰当、合理地安排运动负荷，根据训练任务、训练水平、训练要求等，逐步加大运动负荷。不同的训练时期，应安排不同的运动负荷，不同的训练时期任务不同，训练者承担负荷的能力也不相同。所以，要根据不同的训练时期和训练者的承受能力，安排合理的运动负荷，以训练者的身体适应能力为标准，采取加大负荷到适应负荷，适应后再加大负荷，经过反复训练使训练者再次适应这样的训练过程，逐步提高训练者的身体适应能力，提高训练效果。运动负荷的增加或减少要注意训练者的身体反应，使负荷的变化和训练者身体的恢复很好地配合，形成适宜的良性刺激，保证训练者在不受伤害的情况下快速提高身体运动能力。

六、循序渐进原则

要想取得优异的训练效果，就必须有坚实的训练基础，而坚实的训练基础，是靠艰苦的训练一点一滴积累起来的。这种积累过程，要遵循一条十分重要的原则，那就是循序渐进原则。循序渐进原则，是指按照项目特点和竞技能力形成规律，逐步系统、有效地提高运动员的竞技水平，科学增加运动强度和运动量。我们知道“一口不能吃成一个胖子”，训练也是同样的道理，只有按照一定的规律和方法，一步一个脚印，脚踏实地地向前走，才能逐渐积累训练效果，在超量恢复阶段增加运动负荷，取得最佳训练效果。如果没有掌握循序渐进原则，运动负荷增加过快，则会引起身体对运动的不适应，使疲劳不断积累，结果造成过度疲惫。这样不仅不能取得预期的训练效果，而且可能出现伤害事故。综合格斗训练没有捷径，只有扎扎实实地训练，遵循循序渐进原则，才能使身体机能逐步提高。

七、直观性原则

直观性原则，是指在综合格斗训练中运用多种方法和手段，通过训练者的视觉、听觉、触觉等各种感官，使训练者对综合格斗的技术、战术有最直观的了解，获得正确的感性认识和直接经验，使训练者获得生动的表现，从而提高训练者对综合格斗知识、技术、战术等的理解和掌握能力。运用直观性原则时，教练员要根据训练条件和训练者的具体情况，采用各种直观手段，使训练者迅速建立起技术动作的形象，了解动作的主要技术细节，观察运用动作的时间与空间关系，体会动作的力度感觉等，从而建立完整、正确的动作表象和概念。运用直观手段不但能使训练者尽快地掌握动作，纠正错误，还可以提高训练者的训练兴趣，对训练起到促进作用。

第二节　综合格斗训练方法

一、综合格斗训练方法概述

（一）综合格斗训练方法的释义

综合格斗训练方法是在综合格斗训练活动中，完成训练任务、提高运动能力的途径和办法，也是综合格斗教练员以及个体把自己所掌握的基本理论知识和技术、技能、组织方法，应用在实际教学或个人训练中的具体表现。综合格斗训练方法是对训练过程中各种训练方式、办法的概括，是对各种具体训练手段的集中提炼。

（二） 综合格斗训练方法的作用

在综合格斗训练过程中，综合格斗训练方法是教练员或个体进行训练工作、完成训练任务、提高训练者能力的应用工具。现代体育发展历史表明，运动训练方法的不断创新和科学运用，对推动各项运动能力整体发展水平的作用是十分巨大的。一种科学训练方法的产生既是科学训练原理的具体体现，也是科学训练实践的高度总结。因此，正确地认识和掌握综合格斗不同训练方法的功能和特点，有助于顺利完成运动训练不同时期的训练任务；能够有效地控制各种运动能力的发展过程，科学地提高训练者的整体运动水平。

二、常用综合格斗训练方法

综合格斗训练应根据练习任务、训练者实际情况，遵循训练原则的基本要求和运动技能形成的理论，结合综合格斗训练的特点，正确地选择和运用训练方法去完成训练任务。综合格斗训练的方法具有许多种类，基本的操作方法包括以下七种。

（一） 分解训练法

分解训练法，是指将完整的综合格斗动作或战术配合过程合理地分成若干个环节或部分，然后分别进行训练的方法。分解法既可用于单个复杂动作，也可用于联合或成套动作以及战术训练。运用分解训练法可集中精力完成专门的训练任务，加强主要技术动作和战术配合环节的训练，从而获得更高的训练效益。当技术动作或战术配合过程较为复杂、可予以分解，且运用完整训练法又不易使运动员直接掌握，或者技术动作、战术配合的某些环节需要较为细致的专门训练时，常采用分解训练法。

（二） 完整训练法

完整训练法，是指从动作开始到结束，不分部分和段落，完整地进行教学的方法。它的优点是便于学生完整地掌握动作，不至于破坏动作的结构和割裂动作各部分的联系。简单的技术动作，如直拳动作，就可采用完整训练法。这种训练法的缺点是不容易掌握动作中较困难的要素和环节。如直拳动作的教学中，用完整训练法时，初学者蹬地、转髋、发力送肩、击打这四个环节一般不容易掌握。因此，完整训练法一般都是在动作比较简单时使用，或者动作本身不易分解时采用。在教授复杂和较难的动作采用完整训练法时，要突出重点，开始先重点注意技术的基础部分，然后再逐渐掌握细节部分；或先要求动作路线，然后再要求力量和速度。并要广泛采用各种专门或诱导性练习，发展相应的肌肉及其协调配合能力，帮助学生体会动作要点。

（三） 重复训练法

重复训练法，是指多次重复同一练习，两次（组）练习之间不安排休息的练习方法。通过同一动作或同组动作的多次重复，不断强化运动条件反射的过程，有利于运动员掌握和巩固技术动作；通过相对稳定负荷强度的多次刺激，可使机体尽快产生较高的适应性机制，有利于运动员发展和提高身体素质。构成重复训练法的主要因素有：单次（组）练习的负荷量、负荷强度及每两次（组）练习之间的休息时间。休息的方式通常采用静止、肌肉按摩或散步以及简单拉伸等。

（四） 间歇训练法

间歇训练法，是指对多次练习的间歇时间做出严格规定，使机体处于不完全恢复状态下，反复进行练习的训练方法。通过严格的间歇训练，可使运动员的心脏功能得到明显增强；通过调节运动负荷的强度，可使机体各机能产生与综合格斗项目相匹配的适应性变化；通过不同类型的间歇训练，可使糖酵解代谢供能能力或磷酸盐与糖酵解混合代谢的供能能力，或糖酵解与有氧代谢混合供能能力，或有氧代谢供能能力得以有效的发展和提高；通过严格控制间歇时间，有利于运动员在激烈对抗和复杂困难的比赛环境中稳定、巩固技术动作；通过较高负荷心率的刺激，可使机体抗乳酸能力得到提高，以确保运动员在保持较高强度的情况下具有持续运动的能力。

（五） 持续训练法

持续训练法，是指负荷强度较低，负荷时间较长，无间断地连续进行练习的训练方法。练习时，平均心率应为每分钟 130 ~ 170 次。持续训练常用于发展一般专项耐力素质，并有助于完善负荷强度不高但过程细腻的技术动作，可使机体运动机能在较长时间的负荷刺激下产生稳定的适应，内脏器官产生适应性的变化；可提高有氧代谢系统供能能力以及该供能状态下有氧运动的强度；可为进一步提高无氧代谢供能能力及无氧运动强度奠定坚实的基础。

（六） 变换训练法

变换训练法，是指变换运动负荷、练习内容、练习形式以及条件，以提高训练者的积极性、趣味性、适应性及应变能力的训练方法。运用此法主要是使学生在复杂情况下巩固技术动作的动力定型。在综合格斗练习中通过变换完成技术动作的条件和练习的组织形式，加大完成技术动作的难度，提高完成动作的要求，从而达到巩固、改进和完善动作的目的，如同伴假进攻等。通过变换练习法，在反复练习中注意纠正新出现的错误，使技术动作逐步协调、准确，达到进一步改进、完善动作的目的。在掌握多个动作的基础上，进一步巩固已形成的动作定型的同时，主要解决技术的熟练问题。通过不断地复习巩固，进一步熟练基本技术，在训练中与同伴配合，共同进步，为在对抗条件下运用技术打好基础。如果在技术不熟练的情况下进行条件实战，由于动作还没有定型，在对抗条件下，技术很容易变形，这为进一步提高技术增加了很大的难度。因此，在技术不是很熟练的情况下，最好由两个人配合，在模拟实战的条件下逐步提高，为掌握组合技术打下坚实的基础，从而使之具有更接近实际需要的多种运动能力和实际应用的应变能力。

（七） 循环训练法

循环训练法，是指根据训练的具体任务，将练习手段设置为若干个练习站，运动员按照既定顺序和路线，依次完成每站练习任务的训练方法。运用循环训练法可以有效地激发训练情绪、累积负荷“痕迹”、交替刺激不同体位。循环训练法的结构因素有：每站的练习内容、每站的运动负荷、练习站的安排顺序、练习站之间的间歇、每遍循环之间的间歇、练习的站数与循环练习的组数。运用循环训练法可以有效地提高不同层次和水平运动员的训练情绪和积极性；可以合理增大运动训练过程的练习密度；可以随时根据具体情况因人制宜地加以调整，做到区别对待；可以防止局部负担过重，延缓疲劳的产生，并有利于全面身体训练。在实践中，循环训练法中所说的“站”是练习点，如果一个循环内的站数中，有若干个练习点是以一种无间歇方式衔接，那么这几个练习点的集合可称之为练习“段”。因此，考虑循环练习的顺序时，有时应以练习“站”为单位，有时则应以练习“段”为单位。

第三节　综合格斗的专项训练手段

一、空　击

空击练习是徒手进行的练习。空击练习是熟练掌握综合格斗技术动作的重要训练手段之一。它可有效地巩固技术动作的动力定型，不断加强条件反射，提高动作速度。空击的形式多样，可单人练、双人练，亦可多人或集体练习。根据是否有身体阻力，可以把空击分为徒手空击和负重空击。根据练习目的的不同，空击练习应有所侧重。在进行基本技术练习时，应注意动作的规范性，仔细体会动作的发力技巧、路线轨迹、击打目标等技术要领；在进行连击及战术训练时要强调用意识指挥动作，强化攻防的目的性。空击要循序渐进，如从单个技术动作的空击到组合技术动作的空击，进而进行随机组合的空击，从原地空击到结合步法空击等。

初学者在进行综合格斗空击练习时，可以从基本姿势、基本动作开始，适应之后逐渐进行更复杂的组合动作的练习。容易出错的地方可以慢慢地、认真地重复练习，直到正确为止。空击练习不但可以训练技术，而且可以训练步法。虽然是在做空击练习，但一定要想象正在与对手对打，这样练习才更真实。空击练习是学好技术的重要途径之一，所以必须坚持练习。

在进行空击练习前，要注意充分做好热身活动，使各关节肌肉充分活动，以避免损伤。教师要在一旁认真观察，及时纠正学生练习中出现的错误。有条件的最好面对镜子练习（有人称之为“影子练习法”），以便自己检查动作的规范性。

二、信　号

信号练习是根据帮助者的信号及时做出动作反应的练习方法。一般来说，以单击为主，也可进行组合练习，可击中目标，也可保持一定的距离。常用的信号有手势、口令等。由于信号的突然性和不规律性，信号练习可以有效地提高练习者的动作速度和反应速度，提高对各种信号的判断力，同时还可以有效地培养练习者对距离、时空的把握能力。信号练习要求给信号者根据练习者的实际能力灵活掌握信号的速度和变化频率，要保证信号的突然性和真实性，不要使练习者有所察觉。信号要清晰，“靶位”要准确，以免模糊不清而造成判断失误。给什么信号做什么动作是事先规定好的，练习者要严格执行，要反应及时，动作准确，不贻误“战机”。信号练习因要求快速做出反应，所以最好是在体力较充沛的情况下进行，动作和信号不宜太复杂，这样才能保证动作质量。

三、隔　空

隔空练习是两人在身体不接触的情况下，一方针对另一方的动作及时做出与之相应的动作的练习方法。此法能有效地提高练习者快速反应的能力和动作速度，增强攻防意识，同时又可消除练习者的惧怕心理，提高练习兴趣。隔空练习需要特别注意的是：主动练习的一方动作要逼真、规范，要处理好方法、前奏和距离的变化；被动配合的一方要精力集中，反应及时，动作迅速、规范；双方的距离应以不能触及对手为度，恰到好处；双方要相互纠正，配合默契。

四、递　招

递招练习是由教师或同伴根据不同的教学目的，以各种攻防动作为信号，要求练习者做出相应的（练习前就已规定的）攻防动作的一种方法。递招练习的最大特点是可使练习者在完全没有心理压力的情况下完成技术动作。因此，在教学的初级阶段或周期性的阶段任务中可提高练习者的反应速度、动作速度和熟练各种攻防方法。

递招练习可分为接触身体和不接触身体两种形式。接触身体的练习中，递招一方如有条件可穿戴些安全保护器材，练习者适当控制动作的力度，避免击伤对手；不接触身体的练习中，双方相隔的距离也不应太远，避免与实战脱离，可能的话，递招一方应配合做些闪躲性防守，使练习者既能充分发挥出动作速度和力度，又不至于触及身体，避免运动损伤。

五、打　靶

打靶练习是由教师或同伴根据各种不同的战术意图，借助手靶、脚靶等辅助器材，帮助练习者提高技术和战术质量的一种方法。打靶练习是综合格斗教学中常用的练习方法之一，有静态靶和活动靶，练习内容和形式灵活多变。对于初学者，为了巩固技术动作、尽快形成正确的条件反射、提高击打力度，可采用单一的打靶形式，如打拳靶、打腿靶等。无论何种打靶，都必须穿插运用击打距离、方位、节奏的变化，以提高练习者在动态中完成击打动作的应变能力。

为了提高练习者防守反击的能力，也可采用递招加打靶的方法。递招的目的是先给练习者一个主动进攻动作（信号），让他做出防守动作（或意识）后再快速反击（击靶）。因此，要求递招、打靶要快速、逼真、及时，防守反击要恰当。打靶练习是在突然和变化中完成进攻、防守及反击动作，因此，可以培养学生在动态中运用技术的能力，不断发展战术意识，提高对击打时机、距离的把握能力。

六、跳　绳

跳绳训练法是为了训练身、手、足动作协调、灵活性和足下的移动功夫。综合格斗跳绳主要是原地跑步式和并腿式两种跳法。原地跑步式跳绳，每摇一次绳一足跳一次；并腿式跳绳，每摇一次绳两足并拢跳一次，或者跳双飞（并足跳一次绳子在足下过两次），跳三飞（并足跳一次绳子在足下过三次）。跳绳以 3 分钟或 5 分钟为一组练习，每 3 分钟或 5 分钟一组跳绳练习中要时快（如向对手突然发起攻击）、时慢（如向对手攻击后调整一下体力）。跳绳不要匀速进行，除非作为身体整理活动。跳绳如果作为耐力训练应放在课后进行，至于跳多少组根据训练水平而定。跳绳训练之后，下肢肌肉群必须做放松按摩活动，以消除下肢肌肉群疲劳。

七、速度球

速度球主要有弹力球和梨形球。弹力球呈泪滴状，它的上端连接在一块木板上，而木板牢固地安装在墙上。速度球练习一般在训练的最后进行，它能帮助练习者练习节奏，从一只手到另一只手，前后转换。练习中保持身体放松，将其当作娱乐活动。可根据自身情况连续练习速度球。速度球可以练习综合格斗的拳法击打节奏，也可以帮助练习者练习眼和手的协调性，同样也可以练习阻挡和击打的协调性。用手的侧面或者指关节击打速度球，它会快速弹起三次，然后练习者再击打一次，逐步建立自然的 1—2—3 节奏。想要练好速度球是需要一定时间的。当练习者打得好一些的时候，可以用不同的节奏击打速度球。坚持练习，熟能生巧。

梨形球又叫单挂速度球。球内可充气的气囊，重 100 ~ 150 克；球面是皮革制作的，重 250 ~ 300 克。整个球长度一般为 35. 5 厘米左右，宽度的最大直径一般为 20 厘米左右。它的主要功能是练习出拳的速度，并训练有弹性的肌肉、身体灵敏性、准确性和大脑的反应能力。另外，它还可以增强手臂和肩部的力量，并且能练习眼和手的协调性。现在这种练习被教练员们一致推荐为发展健全的体格、增强肌肉力量和速度的有效方法。练习梨形球的高度要根据练习者的身高和击球点来确定。梨形球应被允许自由摆动，但不要让球自由摆动的次数太多以致来回弹。打 10 分钟梨形球，可以休息 3 ~5 分钟，逐渐增加练习时间。开始学习各种击打方法时，速度要慢而准确，有利于形成正确的姿势。练习时，可戴手套（打梨形球手套即是打沙袋手套），也可不戴手套。

八、模　拟

模拟练习是模仿实战中某一技术和战术运用特征、某一运动员的打法特点、某一实战场景的氛围等进行有针对性的练习。这种练习在培养战术意识、提高心理承受能力以及实战中的应变能力等方面都有很好的练习效果。模拟练习，关键在模拟，模拟要逼真、形象，动作要准确、到位。而练习者必须根据具体情况迅速做出相应的技法，在把握时机、感觉距离、判断和把握空间以及动作的速度和力度上都要从难、从严、从实战出发，保证练习质量。

九、沙　包

打沙包是利用沙包作为击打目标的一种练习方法，这种方法因为收效比较快，所以深受广大综合格斗爱好者的喜爱。供训练用的沙袋从外形上分，有条形沙袋和网形沙袋；从重量方面区分，可分为轻型沙袋、中型沙袋和重型沙袋；若从用途上分，也可分为普通沙袋和特殊沙袋等。

打沙包是综合格斗教学尤其是训练中经常采用的训练手段之一。它对增大动作的打击力度、提高专项耐力、培养在近距离实战时连续进攻的能力等都有着非常显著的效果。打沙包要注意根据练习的目的，并结合实战需要进行安排。练习的内容可分为专一性的、限制性的、综合性的多种规定。练习者除注意动作方法的准确性和合理的发力顺序外，还要根据实战的特点调整好击打的距离、频率和节奏。

十、布人（假人）

布人（假人）是提高缠斗技能的一项重要训练手段。它主要是利用布人或假人沙包作为练习对象的一种练习方法，也是现代综合格斗训练中常用的方法之一，尤其在缠斗训练中运用得更为频繁。

布人（假人）训练对巩固缠斗技能，提高缠斗的功力，如在培养打击力度、专项技能、专项耐力、贴身缠斗状态下的综合攻击能力等方面都有着显著的效果。尤其随着器材的不断革新，新研制的假人与真人更为接近，在缠斗训练尤其在柔术训练中发挥着越来越重要的作用。布人（假人）训练要注意根据练习的目的，并结合实战需要进行安排。

十一、条件实战

条件实战，是指按预先规定好的技法进行实战，不得使用其他方法，即在有一定条件限制的情况下进行的实战对抗练习，如拳法实战，腿法实战，拳腿实战，站立搏击，地面缠斗，主、被动实战等。

条件实战是为了提高学生某一特定的技战术的运用能力而采用的一种练习方法，有很强的针对性，也是实战的初级阶段和训练的调整期常用的一种方法。此法可使练习者在较低或没有心理压力的状态下进行实战，以便更能集中精力，专一提高某一个或某几个技术、战术，快速形成特定的条件反射。条件实战对双方练习者的技术、战术都有严格的规定，练习时务必严格按照规定进行，注意互相理解、互相帮助、互相切磋。尤其值得说明的是，对于初学者，条件实战是常用的提高技术和检验技术的方式，一般要求轻击、一定技法限制并佩戴完善的护具。

十二、实　战

实战是两人按照一定的规则进行的对抗练习，它是检验和提高技术、战术的重要方法，也是总结、积累实战经验的有效措施，是综合格斗水平达到一定程度后开展的练习形式。实战可参照当前通用的综合格斗竞赛规则，也可根据具体情况附加一些新的要求。即使这样，实战的双方也都要穿戴完善的护具，严格比赛规则等，以确保实战双方的安全，尽量避免伤害事故的发生。实战练习时如有裁判员裁决，更能增加实战的激烈程度和技战术运用的有效性。因为实战练习是实实在在的比赛，既要求练习者投入百倍精力，每一个动作的攻防、每一个战术的运用都全力以赴，力争打好每一次比赛，又要排除斤斤计较胜负心态的干扰，敢于大胆使用技术和战术，从成功与失败中不断总结经验。如对手实力强，自己可有意地提高自己的长处，发展优势；如对手实力较弱，自己则有意地提高较差的技术，使自己的弱项得到改善。

实战训练可以按照综合格斗比赛的要求限时训练，也可以采取“车轮大战”的方法，由一人对几人轮番实战，以训练体力。实战安排，最好是实力相当的人先在一起打，各有胜负，可以树立信心，技术提高之后，可以安排实力有一定差距的人互打，让水平高者“喂”水平低者，从而训练其面临强手时如何发挥。实战之前，要做好准备活动，尤其是要做好排打训练，防止伤害事故的发生。

需要特别指出的是，实战练习需要身体的直接对抗，难免会发生击伤、撞伤、摔伤等伤害事故，每一名练习者都要承受一定的心理压力，尤其是初级阶段的练习者心理压力更大。因此，安排实战练习要适时、适度，绝不能过早、过频，以免练习者产生心理障碍或发生伤害事故。

第四节 综合格斗训练计划

一、综合格斗训练计划概述

综合格斗训练计划，是对综合格斗训练工作预先做出的理论设计。制订训练计划是综合格斗训练工作中不可或缺的重要环节，它可以使训练工作有系统、有步骤地进行，教练员和训练者都可以参照训练计划制订的目标，逐步去完成每个课次的训练任务和要求，随时监控各个训练过程实现目标的情况，以便促使训练效果的迅速提高。同时制订的训练计划也是积累了训练过程的资料，有利于对训练过程进行系统研究并加以借鉴，对今后工作加以改进。

训练计划有全体的也有个人的，一般是将全体和个人的训练计划结合起来，既有共同的要求和安排，又有不同运动能力的训练者在各训练过程中的不同要求。这种训练计划的特点是训练的总时间和局部时间安排大致相同，所采用的训练内容和形式也基本相同，只是在训练负荷、手段、练习的组次数等方面对个别特殊对象提出不同的要求。

制订综合格斗训练计划一定要符合运动训练的客观实际及其发展规律，并要依据综合格斗训练专项的训练特点及训练者承受负荷和负荷后的恢复规律。在制订训练计划前，必须考虑以下因素：训练人数、性别、年龄、体重级别、运动能力、身体素质、技术情况、特点、个性心理、智力水平、承担负荷的能力和恢复能力、饮食营养条件等。根据这些因素，确定训练方向和工作要点。

训练计划的内容应包括以下几个方面。

（1）训练者的现实状态的诊断和前一训练过程计划完成的情况。

（2）各个训练过程的各个训练目标的建立及实现目标的对策。

（3）确定过程的阶段划分及各阶段的主要任务。

（4）安排条件实战系列和规划负荷动态变化趋势。

（5）训练内容的安排及选用训练方法和手段。

（6）确定各训练手段的负荷要求。

（7）制订恢复措施和确定检查评定的内容。

训练计划一般包括多年训练计划、年度训练计划、阶段训练计划、周训练计划、课训练计划 5 种类型。

二、综合格斗多年训练计划

综合格斗多年训练计划是根据实际需要和可能而制订的具有纲领性的长远规划。由于实践本身是在不断发展变化的，因此综合格斗多年训练计划只能是粗线条、概括性的轮廓计划，不可能制订得特别具体。制订综合格斗多年训练计划，主要是为了使训练避免盲目性，指导训练者经过多年训练后创造优异的运动成绩。由于训练目标、训练对象的不同，综合格斗多年训练计划一般以 4 ~7 年为宜，也可根据训练的年龄和个人特点再增加或减少训练年限。

目前综合格斗多年训练计划大体分为以下几个阶段。

第一阶段：基础训练阶段（2 ~3 年）。此阶段主要是进行全面身体素质和基本技术的练习，强调动作的规范性，培养对综合格斗的兴趣，增强体质，培养尊敬师长、谦虚有礼的良好品质，以一般身体训练和基本技术为主，并在协调素质、速度素质与灵敏素质等方面打好基础。

第二阶段：稳步提高阶段（1 ~2 年）。在全面训练的基础上，根据自身特点发展技术，培养个人特色技术，稳步提高运动能力，提高理论水平，培养过硬的技术，逐步提高训练中独立思考的能力，在保证恢复的前提下适当有节奏地增加运动负荷。

第三阶段：技术基本成熟阶段（1 ~2 年）。增加条件实战次数，训练负荷增至最大，突出个人特色技术，以提升专项运动能力训练为主。

三、综合格斗年度训练计划

综合格斗年度训练计划是在多年训练计划所制订的大致思路的基础上，结合上一年度计划的执行情况和当年的主要任务而确定本年度训练计划的内容。

年度训练计划的内容一般应包括以下几个方面。

（1）对上一年度的简单总结，发扬长处，找出存在的问题和解决的办法。

（2）本年度的主要任务。

（3）训练者当前的情况分析（技术、素质、思想等）。

（4）训练者各项训练指标的预定（以定量性的素质为主）。

（5）全年训练周期的划分，各个时期的训练任务、时间，各项训练内容比例、运动负荷的安排，各项训练的基本要求、手段和措施，各阶段训练工作的检查、评定、总结的安排与要求。

四、综合格斗阶段、周和课训练计划

（一）综合格斗阶段训练计划

阶段训练计划主要是使年度训练计划在训练过程中得到进一步的贯彻，而一个阶段的训练过程又可以是若干个周训练过程的组合。当年度训练计划出现偏差时，主要通过阶段训练计划来进行调整。阶段训练计划的基本内容有以下几个方面。

（1）阶段训练的总目标、任务及各小周期任务。

（2）阶段训练计划的时间安排、总周数、总训练日、总课时、总时数等具体指标。

（3）各种训练内容的比例及在小周期中的安排。

在综合格斗训练中，执行阶段训练计划应力求保持与年度训练计划的一致性和连贯性。在年度训练过程中，常常为完成某个特定的训练任务而专门制订连续几周的阶段训练计划，如增加强度的阶段训练计划、发展个人技术的阶段训练计划等。

（二）综合格斗周训练计划

周训练计划应以阶段训练计划为依据，结合训练各方面的实际情况来制订。制订周训练计划，使阶段训练计划内容更加详细和具体。在综合格斗训练中，一般是以日历周（7天）为一个小周期。周训练计划的基本内容有以下几个方面。

（1）周训练的总任务与每次课的任务与要求。

（2）一周训练的日数、周总课次数、每次训练的具体时间及安排。

（3）每次课的主要训练内容。

（4）每次课的负荷及周负荷节奏。

（5）每次课的恢复措施。

由于综合格斗训练项目的要求，除恢复的训练之外，几乎每次课都应安排技术练习。应注意的是，要根据不同训练内容的负荷特点予以适当的交替安排，尽量避免由于局部负荷过重和过于集中而引起的过度训练。

（三）综合格斗课训练计划

训练课是综合格斗训练最基本的组织形式。课训练计划是根据周计划所规定的任务、内容和运动负荷的安排而制订的。

根据综合格斗训练课的主要任务和内容，一般把课训练计划分为以下5种类型。

（1）技、战术训练课：主要安排技术训练。

（2）素质训练课：主要进行身体素质训练。

（3）模拟比赛训练课：模拟实际比赛，用以检查训练效果。

（4）调整训练课：以小负荷练习内容进行积极性恢复。

（5）综合训练课：主要将技、战术训练课与素质训练课结合起来，根据要求按一定比例进行练习。在综合训练课中，综合格斗训练内容的顺序一般是将技术练习放在前面，素质练习放在后面；配合练习在前，实战练习在后。

训练课中一般应有1～3个练习高峰。一堂训练课通常是由准备部分、基本部分和结束部分组成的。准备部分的主要任务是使训练者的运动器官和内脏器官逐步进入工作状态，从心理和生理两方面做好承受计划负荷的准备；基本部分是按照计划和实际情况进行；结束部分则主要是进行积极性恢复。

思考题

1. 综合格斗训练应遵循哪些原则？试举例说明。
2. 综合格斗常用的训练手段有哪些？
3. 请你根据某一具体综合格斗比赛任务，设计一份具体的阶段训练计划。

参考文献

[1] 田麦久，刘大庆. 运动训练学 [M]. 北京：人民体育出版社，2012.

[2] 全国体育院校教材委员会审定，《中国武术教程》编写委员会. 中国武术教程 [M]. 北京：人民体育出版社，2004.

第五章　综合格斗竞赛规则与裁判

本章教学提示

1. 综合格斗赛事结果的类型主要有降服、击倒和判定取胜。

2. 在综合格斗比赛中，裁判员的首要任务是保证选手的安全，并保障比赛的公平公正。

第一节　综合格斗竞赛通用规则

综合格斗属于徒手格斗术中的一种，涉及不同流派的武术，综合运用时须依据相应的通用规则和相应裁判理事会提出的条例。以下为国家体育总局综合格斗（MMA）比赛的现行通用规则。目前，国际上主流综合格斗赛事所使用的规则与本规则基本相同，与部分赛事规则的差异主要体现在犯规动作上，大致内容主要有：比赛时一方四点着地，允许另一方踢击对方头部；比赛时一方四点着地，允许另一方膝击对方头部；免去“抠抓对手身体锁骨为犯规”；免去“用脚跟击打对方腰肾视为犯规”。

一、重量级别

除裁判理事会或董事会要求体重级别变动外，综合格斗比赛的重量级别见表 5－1。

表 5－1　综合格斗比赛的体重级别分布表

级　别	重　量
草量级	低于 115 磅（52 kg）
蝇量级	116～125 磅（52～57 kg）
雏量级	126～135 磅（58～61 kg）
羽量级	136～145 磅（61～66 kg）
轻量级	146～155 磅（66～70 kg）
次中量级	156～170 磅（70～77 kg）
中量级	171～185 磅（77～84 kg）
轻重量级	186～205 磅（84～93 kg）
重量级	206～265 磅（93～120 kg）
超重量级	超过 265 磅（120 kg）

在非冠军赛中，称重可以允许有 1 磅（0.45 kg）左右的摆幅。如果一名选手初次不能通过称重，他将会有从初次称重结束起一小时的时间去完成降重。在冠军赛中，参赛选手不得超过相应的重量级别。

二、比赛场地

综合格斗比赛一般在擂台或笼子里举行。

（一）综合格斗比赛擂台的规格要求

用于综合格斗比赛的擂台必须符合下列要求。

（1）擂台面积（算上围绳）不小于 400 平方英尺（37 m^2）且不大于 1 024 平方英尺（95 m^2）。一方边角指定为蓝方，其对角指定为红方。

（2）擂台需要延伸至围绳外至少 18 英寸（0.46 m）处。台面必须铺垫至少 1 英尺（0.3 m）的 PVC 发泡板或者相似的闭孔泡沫板。垫子需要延伸至围绳外且覆盖整个擂台台面。且需要将台布铺展并束紧在垫子上，台布由帆布及相似材料构成，禁止使用结块或粗糙褶皱的帆布。

（3）擂台台面不得高于地面 4 英尺（1.2 m），且必须留给选手合适的台阶入场。

（4）拳台立柱必须由直径不超过 3 英寸（0.08 m）的金属材料制成，柱高从擂台台面处算起，不得低于 58 英寸（1.47 m），且必须按照裁判理事会规定的方式构建。每根拳台立柱与绳角的距离不超过 18 英寸（0.46 m）。

（5）擂台必须有四根围绳，每根围绳直径为 1 英尺（0.3 m），且有柔软材料包装，底部的围绳应高于台面 12 英寸（0.3 m）。

（6）在台面的任何地方，禁止出现任何障碍物，包括但不限于尖锐物品。

（二）综合格斗比赛笼子的规格要求

用于综合格斗比赛的笼子必须符合以下规定。

（1）笼子的形状必须是圆形或六边形。笼网宽度在 20 英尺（6.10 m）至 32 英尺（9.75 m）之间。

（2）笼子的台面必须铺垫至少 1 英尺（0.3 m）的 PVC 发泡板或者相似的闭孔泡沫板，垫子需要延伸至围绳外且覆盖整个台面，且需要将台布铺展并束紧在垫子上，台布由帆布及相似材料构成，禁止使用结块或粗糙褶皱的帆布。

（3）笼子的台面禁止超过地面 4 英尺（1.2 m），且需留给选手相配套的台阶。

（4）笼柱由直径不超过 6 英寸（0.15 m）的金属材料制成，柱高从笼子的台面算起，不得低于 58 英寸（1.47 m），且必须按照裁判理事会规定的方式构建。

（5）制作笼网的材料必须能防止以下情况出现：选手被抛出笼外或者冲破笼网跌落至笼外或观众身上。制作笼网的材料是（但不设限）：涂抹乙烯的铁丝网。

（6）笼子的所有金属部分需要被包裹，且包裹后保证不对运动员造成挫伤。通过裁判理事会审批方可包裹。

（7）笼子需要有两个入口。

（8）在笼子的任何地方，禁止出现任何阻碍运动员比赛的障碍物。

（三）综合格斗比赛凳子和边角物料的规格要求

1. 凳子的规格要求

供选手使用的凳子需要通过裁判理事会的审查；用来供选手休息的凳子或椅子（裁判理事会审批通过）会被放在笼外的选手边角处；所有使用的椅凳在比赛结束后都需清理出场。

2. 边角物料的规格要求

每场综合格斗比赛，供应方会给每名选手的边角提供一个干净的水桶、干净的塑料水瓶、干净的毛巾和其他裁判理事会指定的用品。

三、相关护具

（一）缠手绷带

（1）在所有重量级别比赛中，只能用软纱布作为选手的缠手绷带。且不超过 13 码（11 m）长，2 英尺（0.6 m）宽，且绑定所用的医用胶带不能超过 10 英尺（3 m）长，1 英寸（0.03 m）宽。

（2）用医用胶带绑定双手，以此来保护选手的手腕。当握紧拳头时，为了更好地保护指关节，胶带将会在手背交叉缠绕。

（3）绷带需要均匀分散地缠绕整个手掌。

（4）工作人员需在更衣室将缠手绷带和胶带绑定在运动员的手上，且裁判理事会工作人员和对手经纪人（或对手的选手助理）必须在场。

（5）在裁判理事会允许前，选手绝对不能穿戴拳套。

（二）护　齿

（1）所有的选手必须在比赛期间佩戴护齿。护齿需要通过裁判理事会的审查准许和主治医生的许可。

（2）如果选手没有佩戴护齿，比赛就不能开始。

（3）如果护齿在比赛中意外脱落，裁判员要在一个不干扰当前动作的合适时机暂停比赛，选手或边角人员需要立即清理并佩戴护齿。

（三）护　具

（1）在穿戴前，男选手自备的护裆必须通过裁判理事会的审查准许。

（2）女选手禁止穿戴护裆。

（3）在比赛时，女选手必须穿戴护胸。护胸必须通过裁判理事会的审查准许。

（四）拳　套

（1）所有选手佩戴的拳套最轻为 4 盎司（113.40g），且拳套必须通过裁判理事会的审查许可。通常拳套最重为6盎司（170.10g）。除裁判理事会特殊许可外，某些大码的拳套，如2XL～4XL，虽然重量只是稍稍超过了6盎司，但使用前也需通过审查。

（2）供应方提供的拳套必须通过裁判理事会的审查许可，且选手在任何比赛中都禁止使用自己的拳套。

四、服装和仪容仪表

（一）服　装

（1）每名选手必须穿戴综合格斗短裤、紧身短裤或者武术短裤。女性选手需要穿运动内衣或防磨服。

（2）禁止在比赛中穿道服或短袖衣服。

（3）禁止在比赛中穿鞋。

（二）仪容仪表

（1）每名选手必须有一个整洁干净的仪容。

（2）禁止在选手身上或脸上涂抹过量的油或其他药物。场裁或裁判理事会工作人员有权力将涂抹过量的油清理干净。

（3）裁判理事会人员不仅需要判断选手的头型或者发型是否会对双方的安全造成威胁，也需要判断其是否会扰乱监督和赛事管理。如果选手的头型或发型对安全造成了威胁或者阻碍了比赛的进行，则选手将不能参加比赛，除非达到裁判理事会满意的标准。

（4）在比赛时，选手不能佩戴珠宝或者其他尖锐的物品。比赛前，指甲必须进行修剪。

五、回合时长和裁判调停

（一）回合时长

（1）每一场职业综合格斗非锦标赛一般持续3回合，每回合5分钟，每回合间休息1分钟。

（2）每一场综合格斗锦标赛持续5回合，每回合5分钟，每回合间休息1分钟。

（二）裁判调停

（1）场裁是场上唯一的仲裁者，也是唯一一位有权力终止比赛的人。场裁可以听从场边医生或裁判理事会的建议终止比赛。

（2）除了在休息或比赛结束时，场裁和场边医生是唯一有权力进入赛场的人。

六、犯规动作及处罚

（一）犯规动作

（1）用头撞人。

（2）插眼——各种方式攻击眼睛。

（3）撕咬。

（4）冲对手吐痰。

（5）揪头发。

（6）撕扯对手嘴角。

（7）攻击对手腹股沟、裆部。

（8）抠挖对手（把手指探入对手任何孔洞或裂口、伤口的地方）。

（9）撕、撇、拧、撅对方的小关节（手指和脚趾等其他小关节）。

（10）使用肘尖向下砸击。

（11）攻击对手后脑和脊柱、脊椎。

（12）用脚跟击打对手腰肾。

（13）各种形式的攻击喉咙，包括用手抓、挠、挤压喉部。

（14）抓挠、掐捏或者拧扭对手的皮肉和耳朵。

（15）抠抓对手的身体锁骨。

（16）比赛时一方三点着地，另一方踢击对手头部。

（17）比赛时一方三点着地，另一方膝击对手头部。

（18）踩踏平躺地面的对手。

（19）故意抓住不放开绳圈或者故意把四肢（手、胳膊、腿或脚）勾挂在拳台绳圈上。

（20）扯拽对手的短裤及拳套。

（21）在比赛区域使用辱骂性的语言。

（22）从事与运动员身份不符、缺乏体育精神和风格的行为。

（23）在回合结束时仍然攻击对手或在回合休息期间攻击对手。

（24）攻击在裁判或医生照看下的选手。

（25）在比赛结束后仍然攻击对手。

（26）消极，包括一再消极躲避对手，或故意一再吐出牙套，逃离比赛区域，消极比赛或伪装受伤。

（27）把对手扔到拳台或比赛场地以外。

（28）公然无视裁判的指示。

（29）将对手的头或者颈部垂直砸向赛场地面（倒栽葱）。

（30）选手的场外助手干扰比赛。

（31）在身上或头发上涂抹凡士林或其他任何形式的油以谋取优势。

（二）犯规的处罚

（1）在多次犯规或恶意犯规（场裁判定）的情况下，选手会被取消比赛资格。

（2）犯规可能导致扣分，计分员（不是边裁）有责任将这些因素考虑在内。

（3）只有场裁才能判定犯规。如果场裁没有判定犯规，边裁禁止擅自决定犯规，更不能将其记录在案。

（4）确定犯规的处理。

①场裁需要叫暂停。

②场裁需要命令恶意犯规的选手站回中立区。

③场裁需要检查确认被犯规选手的状态和安全。

④如果场裁认定犯规成立，则需马上宣布犯规并扣除犯规选手相应的分数。场裁也需要告知裁判理事会、边角人员（包括边裁）、计分员其判决（是否是意外或故意犯规和是否要扣分）。

（5）如果处在下位的运动员犯规，除上位的运动员受伤之外，比赛继续进行，并且做如下处理。

①场裁需要口头警告处于下位的犯规运动员。

②当本回合结束，场裁需要评判犯规并告知裁判理事会、边角人员、计分员其判决。

③场裁在选手多次犯规的情况下可以调停比赛。恶意犯规者可能会失去比赛资格。

（6）恶意犯规。

①只要场边医生检查并宣布选手可以继续比赛，则遭受恶意犯规的选手可允许有最多5分钟的休息时间。

②如果选手自己声明可以继续比赛，之前的5分钟休息时间就到此为止，场裁需要立刻重启比赛。

③如果选手经过医护后仍不能继续比赛，则比赛将终止，比赛结果由选手在本回合停止之前（包括之前的回合）的表现判定。

（7）选手遭受非恶意犯规。

①如果综合格斗比赛由于意外犯规而暂停，场裁需要决定被犯规的运动员是否能继续比赛。如果运动员获胜的机会没有因为犯规而受到严重的影响或犯规没有让被犯规的运动员造成晕厥，则在休息时间（不多于5分钟）以后，场裁可以宣布比赛继续。在分开选手之后，场裁需要立即通知裁判理事会说明他的判定情况（即为意外犯规）。

②如果选手遭受场裁判定的非法攻击，场裁需要马上停止他们的动作并暂停比赛。裁判应将受伤选手带往场边医生处并检查是否可以继续比赛。场边医生有5分钟的时间检查。如果场边医生认定选手可以继续比赛，则场裁可以立即开启比赛。与恶意犯规不同，他们没有5分钟自由休息的时间，而且在场裁的指令下必须立即继续比赛。

③不同于恶意犯规，如果场裁确认选手受伤而不能继续比赛，裁判必须立即叫停比赛。如果场裁确认选手不能继续进行比赛，尽管5分钟休息时间还有剩余，可剩余的时间

对选手的伤势无益，则比赛必须终止。

④如果场裁调停了比赛并使用了场边医生，场边医生检查时间不得超过 5 分钟。如果超过 5 分钟后，比赛还没有重启，则比赛必须结束。

（8）由于合理打击和犯规造成的持久伤害。

①如果在比赛期间，由于选手合理的打击造成的持久性伤害严重到足够能终止比赛，那么受伤者会被判负，认定为技术性击倒。

②如果在比赛期间，由于选手故意犯规（场裁判定）而造成的持久性伤害严重到足够能终止比赛，犯规者将会被取消资格。

③如果在比赛期间，尽管选手故意犯规（场裁判定）对对手造成了持久性伤害，但是比赛可以继续进行，场裁需要告知计分员自动扣除犯规者 2 分。

④如果在比赛期间，由于选手在比分落后的情况下，故意犯规（场裁判定）对对手造成了持久性伤害，从而导致无法继续比赛，则受伤者将会因为技术性裁决而取得胜利。如果在调停时，犯规选手的分数处于领先，伤者的分数处于落后地位，则结果为技术性平局。

⑤如果当选手企图犯规时，伤害到了自身，场裁可以根据个人判断决定是否采取措施，并且将会使用与治疗合理打击造成的伤害同样的办法治疗选手。

⑥如果在比赛期间，由于选手非故意犯规（场裁判定）而造成的持久性伤害严重到足够立刻终止比赛。且比赛是在三回合制比赛中还未进行完第二回合（或在五回合制比赛中还未进行完第三回合）的时候发生这种情况，比赛将判为无结果。

⑦如果在比赛期间，由于选手非故意犯规（场裁判定）造成的持久性伤害严重到足够能立刻终止比赛。如果比赛是在三回合制比赛中已经进行完第二回合（或在五回合制比赛中已经进行完第三回合）的时候发生这种情况则在比赛暂停时刻前分数领先的选手取得胜利。

⑧未完成的回合需要像其他回合一样计算分数，但是需要说明未完成的回合是被终止的。

七、赛事结果类型

（一）降　服

1. 拍地认输。
2. 口头认输。

（二）击　倒

1. 当场裁终止比赛（TKO）。
2. 由于选手合理的打击造成的持久性伤害严重到足够能终止比赛（TKO）。
3. 当选手因为被打击或踢击而进入无意识状态（KO）。

（三） 判定取胜

1. 一致判定——当三名边裁评判同一名选手获胜时。
2. 分歧判定——当两名边裁评判同一名选手获胜时。
3. 多数判定——当两名边裁评判同一名选手获胜且一名边裁评判为平局时。
4. 平局。
（1）一致平局：三名边裁都判定为平局。
（2）多数平局：两名边裁判定为平局。
（3）分歧平局：三名边裁评分都不同。
5. 取消比赛资格。

在比赛中，因为故意犯规而导致的持久性伤害严重到能够使比赛终止，那么犯规一方将被取消比赛资格。

6. 罚款。

当选手因为自身原因提前退出比赛或在比赛时离场，或发出说明。

7. 技术性平局。

在比赛中，因为故意犯规而导致的持久性伤害使受伤选手无法继续比赛，且其分数与犯规选手持平或落后于犯规选手，则此场比赛被判为技术性平局。

8. 技术性裁决。

当比赛因为受伤而提前结束，一方分数领先，这时进行技术性裁决。

9. 无结果。

当比赛因为选手意外受伤而提前结束，比赛却没有打完规定的回合时，裁判员无法依据分数判决胜负，则这时比赛为无结果。

第二节　裁　判

一、裁判工作概述

（一） 裁判的定义

裁判，是体育比赛中负责维持赛场秩序、执行比赛规则的职位或人物。在 MMA 比赛中，裁判保持中立，作为第三方出现，以保证比赛公平、公正。

（二）裁判员成长的阶段性

（1）无意识——初级阶段：自己认为能胜任裁判工作，其实不能，自己并不知道。

（2）有意识——学习阶段：意识到自己有许多问题解决不了，有意识地去学习，去实践。

（3）有意识——提升阶段：通过学习和参加一些赛事，知道自己可以解决什么问题了，可以胜任什么工作了，有意识地去解决问题。

（4）无意识——本能状态：通过前三个阶段，能完全胜任裁判工作。无意识、本能地去执裁、处理赛场的情况。

（三）对裁判员的要求

（1）保障选手的安全。在综合格斗比赛中，裁判员的首要任务是保证选手的安全。

（2）具有良好的职业道德。裁判必须遵纪守法，无犯罪记录，在裁判工作中坚持原则，坚持中立，不徇私枉法；勤奋工作，不为名利；相互支持，协调配合。

（3）严格执行竞赛规则。裁判必须以竞赛规则为准绳，正确地掌握统一的判罚尺度，保证选手在同等的条件下公平、公正地竞赛。

（4）不断提高业务水平。裁判员应熟悉和掌握 MMA 技术，研究和探讨 MMA 打技、锁技、战术等发展趋势，总结和分析在比赛过程中出现过的或可能出现的情况、问题，不断丰富自己的实践经验，提高素养。

（5）保持身体健康。MMA 比赛通常为一场 3 回合，每回合 5 分钟，中间休息 1 分钟，工作强度大、时间长，裁判员只有身体健康、精神饱满、体力充沛，才能保证在执裁工作中头脑清醒、反应敏捷、判罚准确。

（四）裁判员的纪律

（1）赛事期间避免在任何场合与参赛队的教练、领队、选手有不必要的接触。

（2）赛事期间统一行动，统一进出比赛场地，站队整齐。

（3）回避与本人直接或间接相关选手的比赛场次。

（4）裁判员言行一致。

（五）裁判员服装

（1）穿赛事制服（通常是黑色或深颜色的）。

（2）黑裤（如下装为西裤，裤子拉链及腰带带头不可为任何金属材质，且带头不宜过大）。

（3）软底黑色鞋（鞋面及鞋带不可以有任何金属材质）。

二、裁判员的职能及注意事项

一项赛事的裁判团由不同职位构成，每个职位有各自的职能与任务，裁判员必须了解每个职位的工作内容与重点，保证裁判团工作衔接顺利，圆满完成各自的工作任务。除此之外，作为教练员和选手，也应适当了解裁判团的工作流程，以确保比赛中每个环节不出纰漏。选手进入赛事在裁判团中需要经过的流程，如图 5－1 所示。

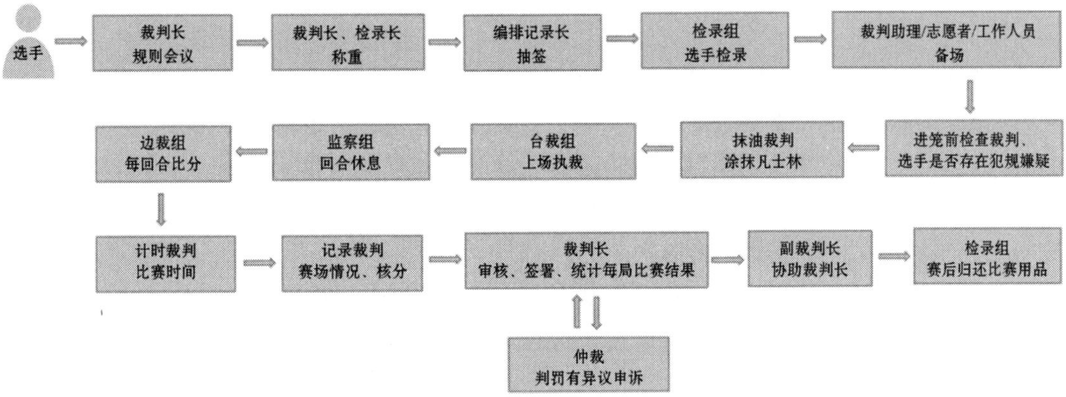

图 5－1 选手进入赛事在裁判团中经过的流程

（一） 裁判长职能

1. 比赛前的工作

比赛前，裁判长的主要职能有：掌握竞赛规则及有关的补充规定；明确裁判员的分工；明确裁判员的工作日程；召集裁判规则会议，组织裁判员学习规则、裁判法，统一裁判尺度；领取和检查裁判执裁用具；检查指导各组的准备工作；召开教练员、选手规则会议，解答竞赛中的有关问题；检查比赛场地、器材、护具、用具等落实情况；召集检录长组织选手称重。

2. 比赛中的工作

比赛中，裁判长的主要职能有：指导、监督各裁判组的工作；解决临场出现的有关问题；对台上裁判员的明显错判、漏判等，及时鸣哨予以纠正；边裁出现反判，可以改判；监督计时员、计分员的工作实施情况；发现场地、器材、护具等出现问题时，可以暂停比赛，予以处理；审核、签署、统计每局比赛结果，交给主持人。

3. 比赛后的工作

比赛后，裁判长应召集总结裁判执裁工作会议，提出改进裁判工作意见。

（二） 边裁职能及注意事项

所有的比赛由三名边裁评判打分，且三名边裁位于擂台边上的不同位置。十分制评分系统是评判比赛的标准。在十分制评分系统中，胜者在每回合会获得 10 分。

1. 评判标准

边裁评判每回合分数要依据下列标准。

（1） 当双方选手表现基本相同且双方都没有明显优势时，这一局的评分为 10:10。

（2）当一方选手做出多次打击、摔倒对手或其他高难度动作并获得些许优势时，这一局的评分为10:9。

（3）当一方选手做出多次打击、重击挂彩，逼着对方围着笼子游走躲避击打或摔倒对手并获得比较大的优势时，这一局的评分为10:8。

（4）当一方选手做出多次重击，并且给对手的伤害程度非常大或摔倒对手并完全掌控局势获得压倒性优势时，这一局的评分为10:7。

（5）如果在一场比赛中选手出现犯规、压点，比分也许会更低。

（6）边裁也需要考虑选手站立或地面的变换来评判权重，具体如下。

如果选手本回合大部分时间花费在地面上，并且没有有空间、有距离的击打和重击，则有效缠斗权重第一，有效打击其次。

如果选手本回合大部分时间花费在站立上，则有效打击权重第一，有效缠斗其次。

如果本回合结束时，站立与在地面上的时间基本相同，并且没有重击，那么打击与缠斗的权重相同。

2. 评判权重

包括有效打击、有效摔倒（有效缠斗）、有效赛场控制、有效进攻、有效防御。

（1）有效打击。

如看对手的有效伤害程度，打击对手倒地，击中与踢击对手，让对手有位移，晃动、后退、摔倒后上下位选手对对方选手有击打空间、击打距离的重击等。

（2）有效摔倒（有效缠斗）。

通过主动或被动反摔成功将对手摔倒或使用其他高难度动作将对手摔倒过腿并骑乘、侧位压制或拿背、对下位选手有极具威胁有效压制的控制位置，击打或尝试做出降服技术结束比赛。注意：即使在地面缠斗中，伤害程度、有效重击也是权重大于缠斗的。

（3）有效赛场控制。

站立时通过进攻、步法、节奏、位置的变化及迫使对手背靠笼边的游走，占有优势位置的主动积极进攻。在地面时通过各种技术有效地控制对手位置、方向、角度以争取优势，并试图做降伏动作或击打。边裁需要一块秒表来记录站立、地面和控制的时间。

（4）有效进攻。

积极向对手逼近，进行合法打击及摔技，即使对方有防守，没有成功重击也算有效。摔技时也是一样，一方有防守，但是另一方进行积极的、主动的进攻，也视为有效。

（5）有效防御。

躲避打击、防摔或者反击并逆转局势。如被一方摔倒但对方却让他在自己的全防守里不留击打空间和击打距离，并有效果地将其控制。或一方下潜抱腿，另一方防守并做出断头台技术，不给对方击打的距离空间，并试图逆转局势。

3. 边裁注意事项

边裁着装符合裁判员着装要求；裁判员桌上不允许摆放一切与比赛无关的物品，如电话、准备笔、秒表；准备并熟练掌握打分表，认真填写打分表，如N号裁判员、姓名、第N场、第N回合，如比赛中途结束，需注明如何结束比赛以及结束时间，如果有压点扣分情况，要在打分表相应位置标记清楚；认真核对对阵表，对容易出现问题的选手、场次要重点关注，核对有无超体重的选手，以便进行压点扣分处理；赛前了解好场地，并找到离自己位置最近的卫生间；培训负责跑单的裁判助理，明确职责；比赛期间协助场裁，关注场裁视角盲区的选手技术；不能只把注意力集中到一方选手，需同时关注双方选手；不要受教练员、领队、选手、观众等人叫喊声的误导和干扰，要坚持自己的判断；赛后随裁判团统一离场。

优秀的、有经验的裁判员首先都会对双方选手的技术、战术和以往的比赛经历有一个大致的了解，除了规则规定的打分外，还要重点看双方的技术、战术风格，积极主动、打法硬朗、拳腿摔柔是否全面等；再看双方运动员的体能表现，相对胆怯的一方、相对弱的一方，往往都表现为绕场转，除非是特定的战术安排。站立系出身的选手对摔柔系的选手，基本都是站立时间长，前者赢的概率大；地面时间长，后者赢的概率大。

（三）场裁职能

1. 场裁职能概述

第一，保证双方选手的安全。第二，执行规则，如选手犯规给予劝告、警告、扣分，甚至取消比赛资格。第三，控制比赛节奏，带给大家最好的比赛。一名好的裁判员能把一场普通的比赛变得更好，一名不好的裁判员将毁了一场精彩的赛事。第四，终止比赛，如选手不能有效地保护自己，或者不愿被降服；有经验，头脑清晰；能看到临界点以后发生的事情，结束比赛的时候一定要接近临界点，但不能超过临界点，结束早了会引起争议，结束晚了会对选手造成伤害。第五，如果场上有意外发生，台上裁判将询求场边医生与主裁判的意见。第六，提前培训场上裁判助理（志愿者）。

2. 赛前场裁主要职能

场裁赛前要检查场地是否有安全隐患，笼网、地板、平台与网之间的缝隙、门等是否有问题，需在赛前解决；看场地是否整洁干净，是否有异物能伤害到选手；检查自己的衣裤、鞋、手套、耳麦，不能戴框架眼镜、首饰、手表等。裤子、裤带、鞋、鞋带不能有金属拉链，不能有金属拉链头。总之，全身不戴有任何金属物质；比赛前到后台检录区选手休息室与执裁场次的选手会面，确认他们明白规则，与他们确认口令、手势；了解双方选手的近期状况，如谁的膝盖有伤等。培训场上裁判助理，让他们明确自己的职责（比赛前一天）。

3. 上台开始裁判员的流程

（1）通常比赛，先是蓝方上场，裁判员上场，然后红方上场。场裁上台后到白角中立区站好，等主持人宣告场裁是某某以后到场中间站好。场裁示意双方选手站到自己左右两侧，通常场裁面向主机位。告知双方选手注意规则，不要犯规，听清口令。注意双方选手的情绪，尽量不要让双方选手有身体接触，除双方善意地碰拳套以外。在这个过程中，注意双方选手的护齿、拳套、护裆是否戴好。示意双方选手退回红、蓝角。等待主持人、举牌模特等人员下台以后，台上只剩下双方选手和场裁时，检查笼门是否锁好。执裁声音洪亮，口令清晰，动作手势准确、及时、到位。第一回合让三名边裁预备，计时员预备，双方选手预备，比赛开始；第二回合起只让双方选手预备，比赛开始。

（2）站立走位：与两名选手成等腰三角形，走位时尽量不要阻挡裁判长和边裁的视角。眼睛要时刻关注双方选手，耳朵要听到四面八方的声音，如哨声、木板的敲击声、锣声等。

（3）站立打斗与地面缠斗互换时：当裁判员身体移动、调整视线高低时，尽量正面侧身跑动。转身不转头，与选手保持适当的距离。在不阻碍选手技术发挥的同时能及时处理险情。若裁判员背向靠近笼边时，可以用手向后碰触笼子，保持距离，方便移动。

（4）站立缠斗使用锁技时：裁判员尽量找准位置观察被锁选手的眼睛、面部表情和身体状况，但其所在位置不要阻碍选手的移动和技术动作。

（5）地面击打锁技缠斗时：裁判员应蹲下甚至俯卧更低观察选手，但要随时保持好身体的灵活性和重心。要控制好位置，保持距离，不要阻碍选手的移动；口令必须让双方同时听到，避免意外发生。

（6）降服技术快到临界点时：裁判员应看着选手的眼睛，一是进行口头询问，有无回应；二是进行口头加肢体询问，如果选手无反应则比赛结束。

（7）选手消极比赛时：第一次消极 15 秒示意选手进攻；第二次消极 6 秒示意选手进攻。坚持自己的判罚，不要被场外的叫喊声音误导、干扰。

（8）如果比赛在围绳擂台中进行、双方选手出界时：如果双方选手缠斗冲出比赛场地以外，在冲出比赛场地之前形成的锁技动作，场裁可以将双方选手拉到擂台中间摆位这个技术动作然后开始比赛；如果是在冲出擂台之后形成的锁技动作，场裁将不予理会，将双方选手拉回擂台中间站立开始比赛。

（9）比赛中，选手将护齿击落或意外掉落时有 3 种处理方式：第一，双方站立，在一个组合连续动作的间歇点不干扰比赛发展走向的适合时机暂停比赛，更换护齿随后比赛开始。第二，双方地面缠斗，双方选手互相击打，在一个组合连续动作的间歇点不干扰比赛发展走向的适合时机暂停比赛，并按住双方选手保持体位不变更换护齿随后比赛开始。双方缠斗一方击打，一方锁技，除使用锁技选手运用技术动作过程中且快要降服对方选手的时候护齿掉落不能叫停，其他时间如护齿掉落，要在动作的间歇点不干扰比赛发展走向的适合时机暂停比赛，并按住双方选手保持体位不变更换护齿随后比赛开始。第三，双方选手在地面上下位击打，如骑乘位、南北压制位、侧向压制位等。上位选手护齿掉落时，在一个组合连续动作的间歇点不干扰比赛发展走向的适合时机暂停比赛，并按住双方选手保持体位不变更换护齿随后比赛开始。下位选手护齿掉落时，除上位选手使用锁技快要降服下位选手的过程中且没有击打动作外，需及时暂停比赛，双方体位不变更换护齿后开始比赛。选手故意吐护齿犯规除外。

（四）编排记录长职能及注意事项

1. 比赛前

（1）学习、领会竞赛规程。

（2）审核报名表，统计汇编参赛队伍名单、各级别运动员名单及所有参赛人员统计表。

（3）准备竞赛所需的各种表格。

（4）制作选手比赛对阵表。

（5）准备抽签用具。

（6）主持抽签。

MMA 基本都是单淘汰赛，选手按照编排的比赛秩序进行比赛，胜者进入下一轮，败者被淘汰。整个比赛最后一场的胜者为冠军，败者为亚军。

①单淘汰赛号码位置数的选择：应根据参加比赛的人数，选择最接近的 2 的乘方数作为号码位置数。常用的号码位置数有：$2^3=8$，$2^4=16$，$2^5=32$。

②单淘汰赛轮数和场次的计算。

a. 计算轮数：单淘汰赛所选用的号码位置数（2 的乘方），其指数（自乘的次数）即为轮数，2 的 n 次方就是 n 轮。如 8 个号码位置为 2^3，即 3 轮。若 8 人参加比赛，8 个号码位置 $=2^3$，比赛轮数为 3 轮。轮次表如图 5－2 所示。

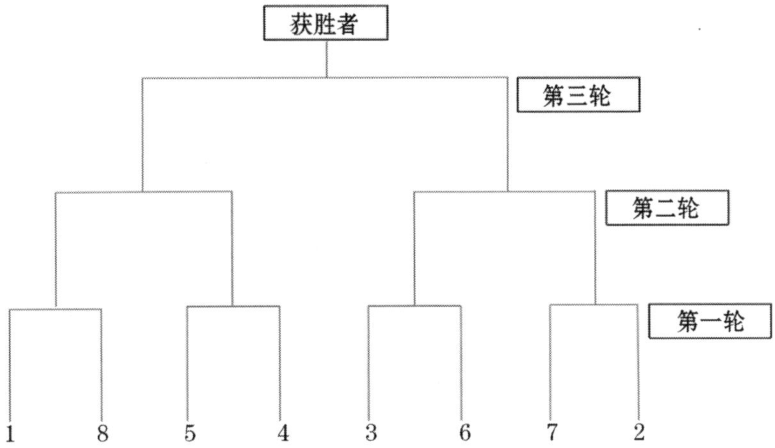

图 5－2　单淘汰赛轮数表

b. 计算场数：在单淘汰赛中，每进行一场比赛就淘汰一名选手。如果选手全部被淘汰，那么比赛场数就等于选手的人数，但是冠军不可能被淘汰，所以实际比赛的场数应为参加比赛的人数减去冠军未被淘汰的一场。

计算的公式为：场数 = 人数 - 1。例如，16 人参加比赛，最后剩一名冠军，比赛的场数为 16 - 1 = 15 场。

c. 附加赛：单淘汰赛只能确定冠、亚军，其他名次均为并列名次，用附加赛的办法可以排定各个名次。附加赛的办法是每一轮的胜者与胜者、负者与负者之间进行的比赛，直到排出所有的名次。选手进行附加赛的比赛顺序排法如图 5 - 3 所示。

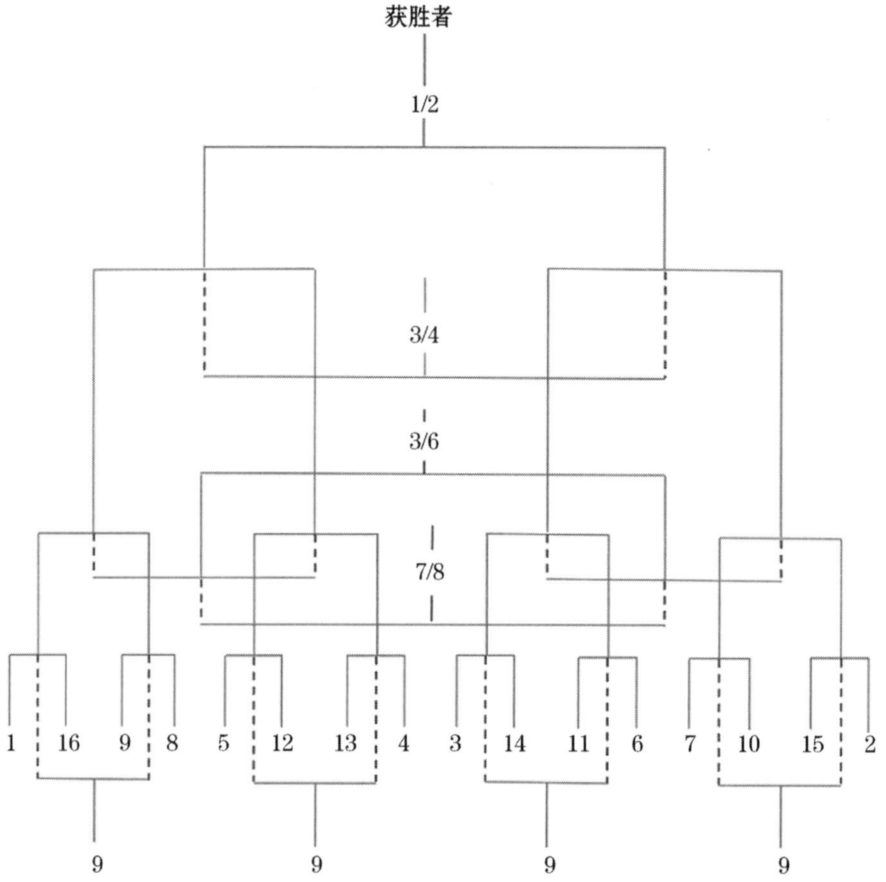

图 5 - 3　附加赛比赛顺序排法

2. 比赛期间

（1）单元比赛前，向导演组、组委会、竞赛监督委员会、仲裁委员会、裁判组、主持人、医务组、主席台等发送当天单元对阵出场表。

（2）单元比赛后，核对单元成绩表，由编排记录长、裁判长签字。

（3）核对下一场单元对阵出场表。

（4）向各运动队发送下一场单元对阵选手出场表。

3. 比赛结束后

汇集各单元成绩表，留档并由大会交给地方协会。

4. 注意事项

（1）遵循编排原则，考虑周密细致，统筹兼顾。

（2）编排、记录、计算成绩、录取名次，不得出差错。

（3）清理各种有关材料，做好存档工作。

（4）编排记录员完成编排记录长分配的工作。

（五）检录长职能及注意事项

1. 检录长职能

（1）收集并审核选手“人身保险证明”和“体检证明”。

（2）协助裁判长称量体重（称重时确认选手身份、身份证、护照）。

（3）提前到比赛场地内培训后场裁判助理。

（4）检查比赛用具。

（5）赛前提早召集选手检录。

（6）指导、监察选手检录，如缠手等。

（7）将检录好的选手带到指定位置备场。

（8）赛后回收选手比赛用品。

2. 检录注意事项

（1）熟练掌握重量级别的划分，称重时用公用计量器，计量到小数点后 2 位，提前校对计量器。

（2）检查擂台、场地、边角物料、比赛备品（缠手绷带、护齿、护具、拳套、服装等）。

（3）提前一天培训裁判助理，让他们明确工作范围与职责。

（4）比赛当天要比选手提前到场地，准备好检录备品、提前工作。

（5）检录时确认红方、蓝方选手，选手拿本人证件领取拳套、纱布、胶带，在检录裁判的监督下按规定缠手。缠手时不允许向缠手绷带上浇水，不允许往拳峰处垫任何硬物，不允许将缠手绷带在拳峰处打成“十字”硬结等。

（6）确认选手拳套系紧，并用同选手红或蓝颜色一致的胶带固定后盖章以示检录合格。

（7）监察选手不许擅自抹油。

（8）检查选手的手指甲、脚趾甲、护齿、护裆、身上是否涂抹异物、无饰品、短裤没有拉链。

（9）男选手赤背、赤脚，女选手穿吊带护胸、赤脚、无护裆。

（10）把选手、教练员、助理送到指定地点备场（备场至少两对选手），密切关注赛场情况，不要漏场、误场、晚上场，确保选手及时上场，不影响比赛顺利进行。

（11）选手检录完毕一直到上场，不要离开裁判助理视线。

（12）如比赛前检录选手未到场或弃权，必须及时报告裁判长及组委会。

（13）局间裁判助理进笼带好服务用具，为本方选手提供相应的服务。

（14）赛后引领选手回检录处，收集器具，上交检录处。

（15）赛后整理内务、清点比赛备品。

（六） 仲裁委员会

（1）仲裁委员会的组成：设主任1名，委员2名或4名。

（2）仲裁委员会的职责及有关规定。

①仲裁委员会在赛事管委会的领导下进行工作，主要受理参加比赛的选手对裁判员有关违反竞赛规程、规则的判决结果有不同意见的申诉。

②接到申诉后，应立即做出受理或不予受理的决定。

③决定予以受理的申诉，应立即进行处理。

④根据申诉材料提出的情况，必要时可以复审录像，进行调查。召开仲裁委员会讨论研究。开会时可以吸收有关人员列席参加，但其他人员无表决权。仲裁结果必须经超过半数以上的委员同意方为有效。

⑤作为复审的录像只能是仲裁录像，不得以其他录像作为仲裁依据。

⑥仲裁委员会成员与申诉人员具有关联关系时，应予以回避。

⑦对申诉材料提出的问题，经过严格认真复审，确认原判无误，应维持原判；如确认原判有明显错误，可以改判。

⑧仲裁委员会的裁决为最终裁决。

⑨除仲裁委员会外，其他任何组织和个人无权改变裁判结果。

⑩选手向仲裁委员会提出的申诉内容，必须是裁判针对自己的直接的不公正裁判行为。

⑪选手如果对不公正裁判行为进行申诉，必须在该场比赛结束后15分钟内向仲裁委员会以书面形式提出。

⑫每场比赛的申诉费用为若干元（根据不同赛事）。如申诉正确，全部退回；如申诉不正确，则作为优秀裁判的奖励基金。

（七） 其他辅助裁判职能

1. 笼前检查裁判

（1）进笼前，裁判检查选手按从上到下、从头到脚的顺序，用看、闻、触摸方式查看选手有无犯规。基本顺序如下：头发—面部—耳朵—颈部—双肩—上肢—肘部—手腕—指甲—腋下—躯干前后两侧—腰部—大腿—膝盖—小腿—脚踝—脚趾甲，闻一下有无异物味道。

（2）检查护齿、拳套、护裆是否穿戴。

2. 抹油裁判

在进笼前检查后，抹油裁判要为选手涂抹凡士林。涂抹顺序为：眉弓—眼眶—下眼睑，其他地方不涂抹。眉弓处抹油方法顺着眉毛生长的方向涂抹，不许逆向涂抹。

3. 记录裁判

（1）准备好比赛用的记录表、笔，熟悉记录表各项内容，按照每一单元的比赛顺序，把选手姓名、级别、场次、红蓝方胜负结果记录在案。

（2）记录场上裁判的扣分情况。

（3）核算三位边裁的分数，确认无误后交给裁判长确认，然后转交给主持人宣读。

4. 计时裁判

（1）第一块秒表要紧跟场裁的口令、手势一起开始，当场裁做出计时停止的口令和手势时，秒表暂停，场裁宣布比赛继续时，秒表要继续计时。每回合结束时，将秒表清零，准备下一回合使用。

（2）第二块秒表（也是第一块秒表的备用）用来计时回合间休息时长使用，通常休息时间为 1 分钟。

（3）第三块秒表用来累计记录选手在场上的伤停时间，在一场比赛中，医生最多有累计 5 分钟的治疗时间。如累计时间超过 5 分钟，则本场比赛将宣布结束。

（4）出现 KO、TKO、降服等情况，计时员要记录时间点，并告诉记录员、裁判长比赛回合及结束时间。

（5）每回合距离结束时间剩余 10 秒时，提示敲铃裁判敲击三下响板提示比赛即将结束，待倒计时 10 秒结束时，提示敲铃裁判响铃以示比赛结束。中场休息 1 分钟时，在第 50 秒提示敲铃裁判敲击三下响板提示休息时间即将结束。

5. 敲铃裁判

（1）提前准备响铃、响板，确认完好，能正常使用（备用一套）。

（2）每回合比赛开始时，要紧跟场裁的口令、手势同时开始，敲铃以示比赛开始。每回合距离结束时间剩余 10 秒时，在计时裁判的提示下敲击三下响板提示比赛即将结束，待倒计时 10 秒结束时，响铃以示比赛结束。中场休息第 50 秒时，在计时裁判的提示下敲击三下响板提示休息时间即将结束。

6. 场边医护

（1）配合兴奋剂检测人员检查选手是否服用违禁药物。

（2）掌握每名选手的体检表。

（3）根据场裁的口令、手势及时为选手临场处理伤情。

（4）能够清楚鉴定选手是否可以继续比赛。

（5）能够分辨选手是否诈伤。

（6）对不能临场处理伤情的选手，在医生的陪同下及时送往医院，并且保证赛场能有其他医生处理剩余场次的比赛伤情。

7. 场上监察裁判

监察裁判有两名，监察红、蓝双方选手。各自负责一名选手。

（1）回合之间休息时间上场监察选手是否异常。

（2）确认选手助手通常上场两人。

（3）监察选手助手是否给选手服用违禁药品。

（4）监察选手助手是否给选手涂抹油质。

（5）监察选手助手是否在选手身上浇水过多，注意是否向短裤里浇水。

（6）检查选手凳子是否合格。

（7）检查下一回合快开始前场地是否合格。如有水和杂物等，及时让裁判助理处理，以免影响选手比赛。

（8）下一回合快开始前，让选手教练、助手在规定时间内迅速离开比赛区域，并带走所有与比赛无关的物品。

（9）监察选手是否戴好护齿、拳套、护裆，短裤是否正常。

（10）回合间休息时间结束，监察裁判快速离开比赛区域并关好笼门。

思考题

1. 如何评定综合格斗比赛的胜负？
2. 场上裁判的主要职责是什么？

参考文献

［1］国家体育总局武术运动管理中心．国际综合格斗（MMA）通用规则．2015.

［2］李俊峰，等．中国武术综合格斗项目的开发建设．北京体育大学自主课题．2015.

［3］全国体育院校教材委员会审定，《中国武术教程》编写委员会．中国武术教程［M］．北京：人民体育出版社，2004.

第六章　综合格斗运动损伤及预防

本章教学提示

1. 综合格斗运动损伤的类型主要有肌肉损伤、韧带损伤、关节脱位、骨折和脑震荡。

2. 发生综合格斗训练创伤的原因主要有思想上重视不够、缺乏必要的运动性损伤知识、训练和比赛活动安排不当、运动技术动作的错误、运动负荷过大、运动员身体功能和心理状态不良、组织方法和管理不当、场地和器材设备不符合要求等。

第一节　综合格斗运动损伤概述

综合格斗的对抗性项目特点决定其运动损伤的风险性，这是每一个从事综合格斗运动的人所必须面对的。如何预防和减少损伤的发生，是一个非常重要的问题。

一、综合格斗运动损伤的类型

（一）肌肉损伤

肌肉损伤是综合格斗运动中常见的损伤，以肌肉拉伤和挫伤为主。

1. 肌肉拉伤

（1）发病机制

综合格斗运动中的肌肉拉伤一般有两种情况：其一，肌肉主动收缩。由于训练水平不够或肌肉的弹性、伸展性、力量性都比较差，肌肉猛烈收缩超过了肌肉本身的负荷能力而致伤，如综合格斗运动中的抱摔动作，骶棘肌猛烈收缩而被拉伤。其二，肌肉被动拉长。由于训练水平不够、准备活动不充分、疲劳、肌肉的机能下降及协调能力下降，当肌肉收缩时，对抗肌不能很好地放松，结果被动拉长，因超过其伸展性而致伤。

（2）症状与体征

肌肉拉伤一般可分成三度。

Ⅰ度肌纤维损伤：仅有少数肌肉纤维挤压或撕裂，而其周围的筋膜完好无损，纤维的断裂只在显微镜下才能见到。该肌肉在抗阻力试验时有疼痛与局部压痛，在开始 24 小时内可能出现轻度肿胀与皮下瘀血。

Ⅱ度肌肉部分撕裂：有较多数量的肌纤维断裂，筋膜可能也有撕裂，肌肉与肌腱连接处有部分断裂，运动员可能感到有“啪”的一下拉断的感觉，常可摸到肌肉与肌腱连接处略有缺失与下陷。

Ⅲ度肌肉完全断裂：肌纤维完全断裂，受伤时有剧痛，并摸到明显的缺失，拉伤的肌肉功能丧失。

2. 肌肉挫伤

（1）发病机制

肌肉挫伤是接触性运动中常见的损伤，综合格斗项目的运动员发生率较高。肌肉挫伤会引起疼痛与暂时性功能丧失，需要较长时间的康复治疗。综合格斗项目典型挫伤常发生于下肢，经常发生在股四头肌与胫前肌。损伤后的适度活动可以减少疤痕形成，并有利于肌张力较快的恢复。

（2）症状与体征

依据对股四头肌挫伤的观察，学者们强调挫伤必须按严重程度分级。挫伤分级要根据伤残的量与时间进行。

Ⅰ度（轻度）挫伤：局部压痛，膝关节活动度在90°以上，无步态改变。

Ⅱ度（中度）挫伤：压痛较重并肿胀，膝关节活动度小于90°，运动员有跛行，不能深度屈曲膝关节。

Ⅲ度（重度）挫伤：有严重肿胀与压痛，膝关节活动度小于45°，在没有帮助的情况下运动员不能行走。

骨化性肌炎是严重挫伤的并发症。挫伤后肌肉内产生的血肿均可能出现骨化，以大腿肌尤为多见。这种骨化称骨化性肌炎或异位骨化。出现骨化性肌炎者的年龄以20岁为最多，在更年轻的运动员中也有发生。骨化性肌炎可在伤后2～4周用X线诊断，并可继续增大直至6个月，过了此时期则很少出现增大。

局部疼痛与僵硬是骨化性肌炎常见的症状，有时可触及肿块。骨化性肌炎是严重肌肉挫伤的并发症，其康复时间较长。本病一般不需特殊治疗，至于病史超过1年仍有疼痛或关节活动明显受阻者，才考虑手术切除。

此外，耳廓部位也容易发生挫伤。如综合格斗训练或比赛中被对手的摆拳和平勾拳直接击中，或摔跤等可引起耳廓的局部血肿。耳廓的皮下组织少，血管表浅，在受击打时，极易发生血肿。同时由于耳廓的大部分支架是耳廓软骨组成，耳部的皮肤都紧贴在软骨膜上，血肿不及时治疗，会造成耳廓软骨炎，严重者可导致耳廓畸形。处理办法：用冷敷或用绷带加压包扎，制止皮下继续出血瘀肿。3～5天后进行热敷或理疗一周，即可痊愈。

（二）韧带损伤

韧带附着在邻近骨端上，用以连接两骨，其深面与骨端间附有滑膜组织。韧带有不同形状，多数呈条索状或片状。韧带有较强的抗张能力，它保护关节在正常范围内活动，防止关节出现异常活动，如膝关节的内、外侧副韧带能避免关节过度明显的内外翻。

1. 发病机制

韧带损伤是指韧带因受暴力引起过度牵伸所致不同程度的韧带纤维或其附着处的断裂。若外力所致的关节异常活动超越韧带承受的能力时就会发生韧带损伤，因为这种异常活动首先使韧带极度紧张，这种过程与韧带挫伤不同，如膝关节外侧受到冲撞或打击，可能引起外侧副韧带挫伤，而更常见的则是膝关节内侧副韧带受到张力作用而被拉断。韧带拉断时，其骨的附着处有一小片骨组织一起被撕裂下来，这称为韧带撕脱性骨折。至于韧带损伤的部位是否发生撕脱性骨折或仅仅在以前受过伤的部位再断裂，则取决于各条韧带解剖与生物力学特点。

综合格斗运动训练或比赛中一些因素常可造成韧带损伤。综合格斗运动中常见韧带损伤有肘关节、肩关节、膝关节、踝关节、腕关节、腰椎关节、掌指关节、指间关节及颈椎关节等。

2. 症状与体征

根据损伤的严重程度，韧带损伤可分为三度。

Ⅰ度（轻度）损伤：韧带只有部分纤维被拉断，局部有轻度出血，没有明显的功能丧失，检查时韧带功能没有减弱。

Ⅱ度（中度）损伤：韧带部分断裂，并存在一定程度的功能丧失。其撕裂的程度可以从一小部分到大部分撕裂，所以功能的丧失亦随撕裂程度有所不同。

Ⅲ度（重度）损伤：韧带完全断裂，并完全丧失其功能，此时，韧带本身或韧带从骨端上撕下来，甚至带有一小片骨组织，发生韧带撕脱性骨折。

（三）关节脱位

1. 发病机制

脱位或脱臼是指构成关节骨端对合面的移位。关节脱位必然同时存在着一定程度的关节周围软组织或关节囊韧带的断裂，并丧失功能。韧带是防止关节骨端异常活动与移位的结构，所以韧带没有断裂就不可能出现关节脱位。

半脱位则指关节的两骨端有部分移位。在急性韧带撕断时，会产生关节半脱位、骨端之间的滑脱或骨端的分离。如果外力消失，瞬间的脱位可能自动复位，外力继续作用则两骨端进一步移位，便发生关节脱位或是骨端交锁在脱位的位置上。不论是半脱位还是全脱位，关节韧带的功能必然丧失。有些陈旧性关节脱位，没有新鲜的韧带撕裂，这往往是由于韧带以前有过断裂，且断裂面在被延伸的状态下愈合，以致过分松弛，即使韧带尚在仍可发生脱位。这种陈旧性脱位（慢性脱位）亦称为复发性脱位。综合格斗运动训练和比赛中的一些因素常可造成踝关节、肘关节、肩关节、膝关节、腕关节、腰椎关节、掌指关节、指间关节及颈椎关节的全脱位或半脱位等。

2. 症状与体征

（1）疼痛、压痛和肿胀

主要是由于关节脱位时伴有软组织的损伤、出血或周围受牵扯而引起。

（2）功能丧失

受伤的关节完全不能活动。

（3）畸　形

关节脱位后，肢体的轴线发生变化，整个肢体常是一种特殊的姿势，与健侧不对称。如肩关节前脱位时的“方肩”畸形，有的可伴有肢体的缩短。关节空虚时可在体表摸到凹陷。

（4）弹性固定

主要因关节周围肌肉痉挛和关节囊与韧带的扭曲，使患肢保持在异常的位置上，被动活动时可感到弹性抗力，称弹性固定。

（四）骨　折

1. 发病机制

骨的完整性或连续性中断称为骨折。在剧烈运动中，特别是在对抗性强的运动中，骨折并非罕见。骨折是因肢体受到直接或间接暴力所引起，也可能由于肌肉的强力收缩，引起肌肉起点或肌肉止点处的骨质被拉下一块而造成撕脱性骨折。综合格斗运动训练和比赛中的一些因素常可造成运动员上肢前臂尺骨、桡骨、锁骨、指骨、腕骨和下肢小腿骨、胫骨、腓骨、踝骨、颈椎骨及腰椎骨等骨折。如综合格斗运动员常在与对手击打时或在打沙袋练习时，最容易发生第一指骨、腕骨和掌指关节的挫伤和掌骨的骨折，其原因往往是手指包缠绷带的方法和综合格斗技术不正确，或者出拳击打时，没有用拳峰击打对手，而是把拇指掌关节当作击打对手的着力点，故造成第一掌骨骨折。

2. 骨折的种类

（1）闭合性骨折

骨折端不与外界相通。

（2）开放性骨折

骨折锐端穿破皮肤，直接与外界相通。这种骨折容易感染，发生骨髓炎与败血症。

（3）复杂性骨折

骨折后，骨折锐端刺伤了重要的组织与器官，如血管、神经、肺、心、肝或影响关节，以致发生更严重的症状。这种情况在搬动伤者时不小心或伤者躁动，未及早给运动员制动时尤易发生。

3. 症状与体征

（1）疼　痛

骨折当时疼痛较轻，稍停即加重，再动尤痛，并常引起休克。骨折即刻由于突然的暴力引起末梢神经暂时性抑制而麻木，疼痛可以很轻甚至不感觉有疼痛。

（2）患肢失去功能

不正常的活动，在关节以外的地方出现异常的活动。

（3）压　痛

骨折处压痛明显，特别是间接压痛更有诊断价值。

（4）畸　形

与对侧相比，发生异态、成角或变短。

（5）肿　胀

骨折后不久即发生肿胀，晚期可起水疱。

（6）骨擦音

轻微的动作，在骨的断端可发生摩擦音。

（7）震　痛

检查时扣击骨折远端，骨折处疼痛。

（五）脑震荡

脑震荡是颅脑损伤中最轻的一种急性闭合性损伤。一般系指头部遭受暴力作用后，脑的神经组织被震荡而引起大脑暂时的意识和机能障碍，其病理解剖和神经系统检查无明显器质性病变。但脑震荡亦可与其他颅脑损伤（如颅内血肿、脑挫伤、颅骨骨折等）合并存在，故应引起足够的重视。综合格斗运动员因摔技动作造成的脑震荡发生率较高。

1. 原　因

在综合格斗对抗中，头部遭拳、腿、肘、膝等暴力打击，或者被摔倒后头部大力冲击地面等，都可能造成脑震荡。此外，摔倒后即使背部着地，其反作用力亦可传递到头部引起脑震荡。

2. 征　象

（1）头部可能有外伤症状。

（2）伤后即刻出现轻度的短时间意识障碍，最多不超过半小时。

（3）昏迷时全身肌肉松弛无力，面色苍白，皮肤、肌腱反射减弱或消失，瞳孔散大，脉搏细弱，呼吸表浅。

（4）清醒后伤员对受伤经过和临近受伤前一段时间的事不能回忆，但对往事有清楚的记忆，这种现象称为“逆行性遗忘”，且常伴有头痛、头昏、耳鸣、心悸、失眠等。少数患者有恶心、呕吐、心烦不安、注意力不集中的症状，并可因头部活动或情绪紧张而加重。以上症状大多于数日后逐渐减轻或消失。

（5）如发现患者有以下症状之一者，提示可能有严重的颅脑损伤，应立即送医院处理：昏迷时间在 5 分钟以上；耳、口、鼻流脑脊液或血液；清醒后头昏、恶心、呕吐剧烈；两瞳孔不对称或变形；清醒后颈项强直或出现第二次昏迷。护送时患者平卧，头侧用衣物等固定，避免摇晃、振动，以免加重病情。休息治疗期间，不能参加任何训练和比赛，否则会引起后遗症。

此外，还有其他运动损伤，如鼻出血和眉弓部的裂伤。鼻出血是综合格斗中最常见的一种小创伤。鼻部被击打后可发生鼻黏膜微血管破坏而引起的鼻出血，也可引起鼻变形。鼻出血时把头后仰，用拇指、食指在鼻翼外面相对压迫（伤者用口呼吸）数分钟，一般可止血。有条件时，可用浸过肾上腺素或麻黄素的消毒脱脂棉卷成小卷轻轻塞入流血鼻孔内，再在鼻翼外稍加压迫，则止血更佳。额部用冷毛巾或冰袋冷敷，亦可止血。受钝物打击引起的皮肤和皮下组织撕裂，伤口边缘不整齐，称为裂伤。造成损伤的主要原因可能是双方运动员的头部互相撞击造成的，或遭受对手拳法或肘法打击所致。

第二节　综合格斗常见运动损伤的预防

一、综合格斗运动损伤的致因

运动损伤重在预防。由于造成或引起综合格斗运动员损伤的机制和原因十分复杂，虽然强调预防，但在日常训练或竞技比赛中，运动员仍难免发生不同程度的损伤。运动损伤往往是由复合的因素所造成的。从预防运动损伤的观点来看，运动损伤的原因包括内在因素和外部因素两个方面。内在因素包括个体身体条件因素和心理素质等。身体条件包括年龄、性别、体格、体成分、体力、疾病、劳损、疲劳程度、营养状况、关节活动范围、身体柔韧性、肢体骨骼力线等；心理素质包括性格、精神紧张、情绪忧虑、兴奋过度及竞争心理等。外部因素包括方法因素和环境因素等。方法因素包括质的因素和量的因素：质的因素是指运动的项目和运动的程度；量的因素是指运动强度、运动时间和运动频度等。环境因素包括自然环境和人工环境。自然环境是指海拔高度、季节、气候、天气、气温等情况，以及每日运动安排的时间；人工环境是指运动周围环境、器械设备、防护器材、运动鞋、运动服装等。

运动性损伤的病因较多，涉及各个方面，发生综合格斗训练损伤的原因主要有以下几个方面。

（一）思想上重视不够，缺乏必要的运动性损伤知识

由于教练员对安全教育没有引起足够的重视，在训练过程中没有积极采取各种有效预防措施；同时，训练者缺乏必要的运动损伤知识，容易导致运动损伤。在发生运动损伤后，没有及时休息或治疗，导致损伤不断加重。

（二）教学、训练和比赛活动安排不当

综合格斗训练前做好充分的准备活动，有利于进一步提高中枢神经系统的兴奋性，增强各系统组织器官的功能活动，可以使人体功能从相对静止状态过渡到紧张的活动状态。缺乏准备活动或准备活动不合理，是造成运动性损伤的首要因素。其主要表现在以下几个方面。

1. 未做准备活动或准备活动不充分。在人体神经系统和各组织器官的功能活动没有充分动员起来的情况下，就进行紧张的运动。由于肌肉的力量、弹性和伸展性较差，身体缺乏必要的协调性，因而容易发生运动性损伤。

2. 准备活动量过大，或准备活动的内容与专项运动的内容结合得不好，或缺乏专项准备活动，运动中负担较重部位的组织器官功能没有得到充分的改善，因休息而消退的条件反射性联系尚未恢复。

3. 准备活动离正式运动的时间太长，或准备活动的运动量过大，已经出现疲劳。在参加运动时，准备活动所产生的生理作用逐渐减弱或消失，身体的功能水平不但不能处于最佳状态，反而有所下降。此时，如果参加剧烈运动就容易导致运动损伤。

4. 在准备活动过程中没有坚持循序渐进的原则，违背了人体功能活动的规律，如一开始速度过快、用力过猛等，容易导致运动损伤，如肌肉拉伤和关节扭伤等。

5. 运动量安排不当，运动量过大，尤其是运动量过于集中，使局部负担量过大，是运动训练特别是专项训练中导致运动损伤的主要原因。

（三）各种运动训练不够

训练不够涉及身体素质的训练、技术动作的训练以及心理品质训练不够等方面。一般来说，身体素质差，肌肉力量和弹性就较差，反应迟钝，关节灵活性和稳定性也较差，因而容易导致运动性损伤。技术动作训练不够，技术动作要点掌握得不好，极易违背身体结构、机能特点等，也容易导致运动性损伤。

（四） 运动技术动作的错误

不遵循人体解剖学规律，违背人体解剖学特点、组织器官结构功能及运动时的力学原理，出现运动技术动作的错误，也是发生运动性损伤的原因之一。多见于刚参加综合格斗训练，或学习新动作的训练者。例如，在做前滚翻时，因头部用力触地引起颈部扭伤等。

（五） 运动负荷过大

在安排运动负荷时，对训练者的生理特点缺乏周密细致的考虑，运动负荷的安排超过了训练者可以承受的生理负担量。特别是局部负担过大，容易引起微细损伤，日积月累逐渐发展为劳损。这是力量训练中造成运动损伤的主要原因。对人体某一部位有较大的负担量时，或在运动训练时急于求成，训练方法单一，都会引起局部负担量过大而造成运动损伤。

（六） 运动训练者身体功能和心理状态不良

在睡眠或休息不好、患病受伤或伤病初愈阶段，以及过度疲劳的情况下，生理功能和运动能力都相对下降，肌肉力量减弱，身体的协调性、动作的准确性显著下降，注意力减退，反应迟钝。此时参加剧烈运动或练习较难的动作，容易发生运动损伤。另外，训练者的心理状态与运动损伤的发生密切相关，如心情不畅、情绪低落或急躁，或缺乏训练和比赛的自觉性和积极性，或急于求成、胆怯犹豫等，都可能成为运动损伤的原因。部分青少年学生缺乏训练知识和经验，求胜心切，不顾主客观条件盲目或冒失地参加综合格斗训练，也容易发生运动损伤。

（七） 组织方法和管理不当

在组织体育教学、训练过程中，没有遵循循序渐进和因人而异、因材施教、分类指导的原则；如果训练者过多，教练缺乏正确的示范和耐心细致的教育，学生缺乏必要的保护措施及自我保护能力；组织纪律要求和管理不严，允许有伤病的学生参加剧烈运动等，这些都可成为运动损伤的原因。

（八） 场地、 器材设备、 服装不符合要求

运动场地设施不良，摔柔训练场地过硬，站立打击训练场地表面不光滑或有裂缝；运动器械的大小或重量不符合训练者的年龄、性别、生理特点；缺乏必要的防护用具（如护腕、护踝、拳套等），运动时的服装和鞋袜不符合运动卫生要求等，都可能导致运动损伤的发生。

二、综合格斗运动损伤的预防

为了减少综合格斗运动中运动损伤的发生，在日常训练中应注意以下几点。

（一） 积极开展预防运动损伤的宣传教育工作

安全教育要引起足够的重视，平时要牢固树立“安全第一”的思想，加强综合格斗训练的安全教育。不仅如此，综合格斗是对抗性项目，难免存在一定的安全隐患。因此，传授基本的损伤及预防知识是必要的；传授安全教育的形式可以灵活选择，采用随堂讲授、专题讲座、集体讨论等方法进行相关内容的宣传。总之，在综合格斗运动中，要认真贯彻以预防为主的方针，克服麻痹思想，在发生运动性损伤后，要及时休息或治疗，以避免损伤的加重。

（二） 及早终止实力对比悬殊的条件实战练习

为了保护运动员的健康和安全，要发挥教练员积极主动的作用。作为教练员，应根据场上的情况，及早终止实力对比悬殊的条件实战练习。

（三） 加强医务监督， 建立和健全自我保护和监督制度

在综合格斗训练过程中，加强医务监督工作，其目的是最大可能地利用医学的手段，对综合格斗运动进行观察指导，促进运动员的身体健康、增强体质和提高综合格斗技术水平。因此，在训练前、训练中、训练后，对运动员进行医务监督工作，将对练习者起着积极的保护作用。

运动员也应了解和懂得自我保护的基本常识，如初步处理运动后肌肉酸痛、关节不适的方法等。早期可做温水浴、物理疗法、自我按摩。如果疼痛继续或者加重时，应去专门医疗机构进行诊断治疗。

同时应教会训练者自我监督，随时注意自己的身体反应（如头晕、疲乏感等），注意运动器官的局部反应（如肌肉酸痛、僵硬、关节疼痛等），当反应不良时，要及时调整运动量。

（四） 掌握正确的综合格斗技术和训练方法

综合格斗训练中发生损伤的一个重要原因是训练者的技术错误或不熟练。只有在不断磨炼技术和掌握合理训练方法的基础上，才能进行实战，才能避免发生损伤。要认真做好准备活动，内容和量要根据所要进行活动的性质、训练者个体情况而定。要合理安排运动量，尤其要注意运动器官的局部负担和伤后的训练安排，防止局部负担过重。

（五） 认真做好运动前的准备活动和运动后的放松运动

在综合格斗运动前，应根据训练内容、个人身体状况、气温条件等来确定准备活动的内容。尤其要注意做好运动中负担较大和易伤部位的准备活动，严禁不做准备活动就进行训练。一般情况下，对身体兴奋性较低、训练基础或训练水平较高的人来说，准备活动的强度可稍大一点；反之，对年龄小、训练基础较差的人，准备活动的强度宜小。一般情况下，准备活动结束距正式运动开始之间的时间以 1 ~4 分钟为宜。在运动中当间歇时间过

长或教学训练转项时，都要补做准备活动。

放松运动可以使体温、心率、呼吸、肌肉的应激反应恢复到日常生活水平。从预防损伤的角度看，放松运动与准备活动同样重要。根据不同的运动项目进行不同的放松运动，可防止在运动后出现肌肉酸痛以及损伤，而且对缓解训练压力也有很大的作用。

（六）加强管理，树立牢固的安全意识

要认真做好运动场地、器械设备、个人防护用具的管理和安全卫生检查，及时维修损坏的场地设备。禁止穿着不合适的服装和鞋子参加运动。平时要加强体育健身运动和体育保健知识的宣传和教育，增强自我保健意识，牢固树立体育卫生的观念。

（七）必要的防护用具

综合格斗是激烈的对抗性项目，使用综合格斗的特殊防护装备是非常重要的，必要的防护用具是避免运动损伤的重要保障。在平时的训练尤其是在对抗训练中，要穿戴好一定的防护用具，防护用具主要包括头盔、护齿、护裆、护胸、拳套等。运动员应养成使用防护器具的习惯，防护器材的使用可使运动损伤的发生概率大大降低。另外，在综合格斗训练中，为开展好综合格斗运动，因地制宜地制作一些简单、行之有效的保护器材，也是可取的。

（八）加强易伤部位的肌肉力量

由于人体存在生理薄弱部位，运动中要多加注意，要在加强身体全面训练的基础上，注意加强易伤部位及相应薄弱部位的力量训练，以不断提高机体对运动的适应能力，积极预防损伤。

肌肉力量不够、协同或对抗肌群肌力的不平衡，常常会造成损伤，如综合格斗运动中膝关节的损伤，多由于股四头肌肌力不够，导致关节的稳定性下降，从而造成膝关节扭伤或膝部其他外伤；综合格斗运动员中常见的背腰痛、腰肌劳损，也多因背伸肌与腹肌肌力失衡所致。因此，应加强相应肌肉的力量训练。

思考题

1. 综合格斗运动损伤的类型有哪些？
2. 综合格斗损伤的致因有哪些？
3. 结合综合格斗运动实践说明如何预防运动损伤。

参考文献

［1］罗伯特·S. 高特林. 运动损伤的预防、治疗与恢复［M］. 高旦潇，译. 北京：人民邮电出版社，2017.

［2］李俊峰，等. 中国武术综合格斗项目的开发建设. 北京体育大学自主课题. 2015.

［3］全国体育院校教材委员会审定，《中国武术教程》编写委员会. 中国武术教程［M］. 北京：人民体育出版社，2004.